南越王宫

南 越 王 博 物 院
（西汉南越国史研究中心） 编著

文物出版社

图书在版编目（CIP）数据

南越王宫 / 南越王博物院（西汉南越国史研究中心）

编著. -- 北京 : 文物出版社, 2025. 3. -- ISBN 978-

7-5010-8636-8

Ⅰ. G269.276.51；K872.651

中国国家版本馆CIP数据核字第2024V6J779号

南越王宫

编　　著　南越王博物院（西汉南越国史研究中心）

责任编辑　黄　曲

责任印制　张　丽

出版发行　文物出版社

社　　址　北京市东城区东直门内北小街2号楼

邮　　编　100007

网　　址　http://www.wenwu.com

邮　　箱　wenwu1957@126.com

经　　销　新华书店

制版印刷　天津裕同印刷有限公司

开　　本　889mm×1194mm　1/16

印　　张　17.75

版　　次　2025年3月第1版

印　　次　2025年3月第1次印刷

书　　号　ISBN 978-7-5010-8636-8

定　　价　280.00元

南越
THE PALACE OF
THE NANYUE KINGDOM
王宫

目 录

前 言 1

壹 **寻迹南越** 3

南越考古大事记 4

一 寻找南越王宫 6

二 探索南越人墓葬 18

贰 **南越王宫** 31

一 山海之间，番禺都会 32

二 百年王宫，宫殿御苑 46

三 南国匠心，岭南开发 132

叁 **南越宫词** 153

一　治国理政，根在华夏 154

二　王的宴席，玉盘珍馐 186

三　宫廷档案，南越木简 210

肆 **海宇攸同** 215

一　番禺建城，贸易初兴 216

二　汉越修好，关市往来 226

三　岭南都会，融通东西 234

四　华夏一统，梯航万里 258

伍 **广州原点** 273

结　语 277

南越
王宫

THE PALACE OF
THE NANYUE KINGDOM

前　言

　　秦汉时期是中国历史上第一个大一统时期，开创了中国古代社会的早期盛世，也为我们统一多民族国家的形成奠定了重要基础。公元前 214 年，秦始皇统一岭南，在此设立桂林、南海、象三郡，以番禺（今广州）为南海郡治。从此，确立了广州两千多年来岭南政治、经济、文化中心的地位。

　　公元前 203 年，秦将赵佗建立南越国，定都番禺（今广州）。南越国历 5 世 93 年，公元前 111 年为汉武帝所灭。作为秦汉帝国的重要组成部分，岭南地区的社会、经济、文化等在南越国时期取得了长足发展，并实现了空前繁荣。

　　南越国宫署遗址是番禺城最核心的区域，在这里先后发现了宫殿、宫墙、宫苑等遗迹，出土了大量砖瓦、石、陶等建筑材料，以及木简等重要文物。这些遗迹和文物让我们真切地感受到王宫选址的科学性、景观设计的独特性，走近一个尘封的南越王国。

南越王宫

THE PALACE OF
THE NANYUE KINGDOM

壹

寻迹南越

南越国是岭南文明发展的第一座高峰。秦汉以降，不少文人墨客在《史记》《汉书》等古典文献的基础上，追寻南越踪迹，然终难得其详。二十世纪初以来，现代考古学传入中国，以广州黄花考古学院为代表的当地学人以「证史」为己任，开启了具有现代意义的南越研究。二十世纪五十年代以来，广州在南越考古方面取得了一系列重大成果。南越国三大遗迹——南越文王墓、南越国官署遗址、南越国木构水闸遗址，明确了王墓、官署和城址三个重要地理坐标，建构起南越都邑的空间景观。

百年南越考古通过「物」的视角向我们讲述了南越国政治、经济、文化、生活等方面的细节，弥补了文献对南越国记录的缺失，确认了岭南文明在中华文明中的重要地位。

南越考古大事记

· **20 世纪初**　广州东山龟岗大墓、猫儿岗汉墓、寺贝底陶片堆积的发现，开启了近现代意义上的南越国考古学的研究篇章。

· **1916 年**　广东台山商人黄葵石在广州东山龟岗修建楼房时发现一座大型木椁墓。龟岗大墓形制为"一堂三房"，应是南越国时期的贵族大墓。它的发现体现了南越考古工作由民间到官方、由零散无序到全面有序、从经验发掘到理论指导的转变过程，是南越国考古学的起点。

· **1931 年 3 月**　蔡寒琼、谈月色夫妇发掘了广州东郊猫儿岗汉冢。它是广州乃至岭南地区最早按照科学方式正式发掘并发布发掘报告的墓葬之一，曾被认为是"南越国第四代君主赵兴墓"。

· **1932 年**　广州黄花考古学院创立。该学院吸收了谢英伯、胡肇椿、杨成志、蔡寒琼、谈月色、曾传轺、朱庭祐等学者，出版发行了中国最早的考古学期刊《考古学杂志》（创刊号）。它首次将西方考古学理念和操作规范带入中国考古实践中，进而探索岭南及西江文明。

· **1953 年至 1960 年**　广州市文物管理委员会和广州博物馆组成的田野考古工作组在广州近郊共发现西汉前期墓 182 座，墓葬集中分布在广州东郊先烈路、华侨新村等处。这批墓葬情况收集在《广州汉墓》（文物出版社 1981 年出版）中。

· **1975 年**　考古工作者在广州中山四路原广州市文化局院内发现了南越国时期的砖石走道，正式揭开了南越国宫署遗址科学考古发掘的序幕。

· **1982 年**　考古工作者在广州三元里发现了柳园岗 11 号墓。该墓葬为大型箱式木椁单室墓。从出土陶瓿耳部的"臣辛"戳印推断，"辛"可能是墓主的名字，是南越国的一位高级官吏。

· **1983 年**　考古工作者在广州西村发现了凤凰岗 1 号墓。该墓为带墓道的竖穴箱式木椁单室墓。此墓被严重盗扰，仍残存 20 余件精美玉器。有学者认为墓主是南越国第三代君主赵婴齐。

· **1983 年 6 月 9 日**　考古工作者在广州解放北路象岗建筑工地发现一座大型古墓——南越文王墓。墓葬保存完好，共出土 1000 多件（套）珍贵文物，包括"文帝行玺"金印和丝缕玉衣等。墓主是南越国第二代君主赵眜。这一发现是 20 世纪 80 年代中国考古五大发现之一。

· **1988 年**　考古工作者在位于广州中山五路与北京路交界的新大新公司兴建地下室过程中发现了砖砌的南越国池状遗迹。

· **1995 年**　考古工作者在广州中心城区城隍庙旁的一处建筑工地内发现了一座南越国时期的大型石构水池（蓄池），面积约 4000 平方米，为岭南地区首见。该发现被评为 1995 年"全国十大考古新发现"之一。

· **1996 年 8 月至 11 月**　考古工作者在南越国石构水池西侧约 20 米的原清代儒良书院处发现一口南越国食水砖井，其水质可达饮用水标准。

· **1997 年**　考古工作者在南越国石构水池以南约 20 米的原广州市文化局大院内揭露一段较完整的南越国时期曲流石渠遗迹，这是迄今为止发现的年代最早、保存较为完好的秦汉宫苑实例。该发现被评为 1997 年"全国十大考古新发现"之一。

- **2000 年 4 月至 10 月**　广州市文物考古研究所为配合越秀区西湖路光明广场建设工程进行考古发掘，清理出南越国木构水闸遗址，为确定南越国都城的南界提供了准确的坐标。
- **2000 年 2 月至 5 月**　中国社会科学院考古研究所、广州市文物考古研究所和南越王宫博物馆筹建处联合组队在广州市儿童公园内试掘，发掘出南越国一号宫殿基址，确定南越国宫殿区位置。
- **2002 年至 2003 年**　考古工作者在南越国宫署遗址（原儿童公园内）开始大规模考古发掘工作，又发现南越国二号宫殿、一号廊道、砖石走道等重要遗迹。
- **2004 年**　考古工作者在南越国宫署遗址发现南越国渗水井，里面出土的南越木简，被誉为"岭南第一简"。
- **2006 年**　考古工作者在南越国宫署遗址北部发现南越国宫城北墙墙基，确定了王宫的北边界。
- **2006 年、2012 年**　由南越国宫署遗址、南越文王墓等组成的"南越国史迹"和"海上丝绸之路 · 广州史迹"分别被列入"中国世界文化遗产预备名单"。
- **2016 年**　南越国宫署遗址、南越文王墓被国家文物局列入"海上丝绸之路 · 中国史迹"首批申遗遗产点之一。
- **2021 年 10 月 19 日**　"南越国宫署遗址及南越王墓"入选中国"百年百大考古发现"。

"百年百大考古发现"

旧石器（5 项）

北京周口店遗址
河北阳泥河湾遗址群
山西襄汾丁村遗址
辽宁营口金牛山遗址
宁夏灵武水洞沟遗址

新石器（33 项）

河北武安磁山遗址
山西夏县西阴村遗址
山西襄汾陶寺遗址
内蒙古敖汉旗兴隆洼遗址
辽宁朝阳牛河梁遗址
上海青浦崧泽遗址
浙江浦江上山遗址
浙江余姚河姆渡遗址
浙江余杭良渚遗址
安徽含山凌家滩遗址
福建闽侯昙石山遗址
江西万年仙人洞、吊桶环遗址
山东泰安大汶口遗址
山东章丘城子崖遗址
河南舞阳贾湖遗址
河南新郑裴李岗遗址
河南渑池仰韶村遗址
河南三门峡庙底沟遗址
河南巩义双槐树遗址
湖北荆门屈家岭遗址

湖北天门石家河遗址
湖南道县玉蟾岩遗址
湖南澧县城头山遗址
广西桂林甑皮岩遗址
重庆巫山大溪遗址
西藏昌都卡若遗址
陕西神木石峁遗址
陕西西安半坡遗址
陕西临潼姜寨遗址
甘肃秦安大地湾遗址
甘肃临洮马家窑遗址
青海民和喇家遗址
香港马湾岛东湾仔北遗址

夏商（10 项）

江西新干商代大墓
河南偃师二里头遗址
河南偃师商城遗址
河南郑州商城遗址
河南安阳殷墟（含洹北商城、后冈遗址）
湖北黄陂盘龙城遗址
湖北大冶铜绿山古铜矿遗址
四川广汉三星堆遗址
新疆若羌小河墓地
台湾卑南遗址

两周（15 项）

北京琉璃河遗址
河北易县燕下都遗址

河北平山战国中山王墓
山西临汾晋侯墓地及曲村－天马遗址
山西侯马晋国遗址
山东临淄齐国故城
山东曲阜鲁国故城
河南三门峡虢国墓地
河南洛阳东周王城遗址
湖北随州曾侯墓群
四川成都金沙遗址
陕西宝鸡周原遗址
陕西西安丰镐遗址
陕西凤翔秦雍城遗址
甘肃张家川马家塬遗址

秦汉（16 项）

北京大葆台汉墓
河北满城汉墓
吉林集安高句丽王城、王陵及贵族墓葬
江苏徐州楚王墓群
江西南昌海昏侯墓
山东临沂银雀山汉墓
湖北云梦睡虎地秦墓
湖南里耶古城遗址
湖南长沙马王堆汉墓
广东广州南越国宫署遗址及南越王墓
广西合浦汉墓群
云南晋宁石寨山古墓群
陕西汉长安城遗址
陕西西安咸阳城遗址
陕西秦始皇陵

新疆民丰尼雅遗址

三国至隋唐（9 项）

河北临漳邺城遗址及磁县北朝墓群
黑龙江渤海国上京龙泉府遗址
河南汉魏洛阳城遗址
河南隋唐洛阳城遗址
陕西法门寺遗址
陕西唐大明宫遗址
甘肃敦煌莫高窟
青海都兰热水墓群
新疆吐鲁番阿斯塔那古墓群

宋辽金元（9 项）

内蒙古辽上京遗址
内蒙古元上都遗址
黑龙江金上京会宁府遗址
浙江杭州南宋临安城遗址及官窑遗址
山东青州龙兴寺遗址
河南许昌白沙宋墓
广东"南海 I 号"沉船
贵州遵义海龙屯城址及播州杨氏土司墓群
宁夏西夏陵

明清（3 项）

北京明定陵
江西景德镇御窑厂窑址
四川江口明末战场遗址

中国"百年百大考古发现"名单（《中国文物报》2021 年 10 月 19 日）

　　1975 年以来，考古工作者在广州老城区中心陆续发现了南越国时期的砖石走道、砖砌池状遗迹、石构水池、食水砖井、曲流石渠、宫殿、王宫北墙基、木构水闸、木简等遗存，基本复原了南越都城"番禺城"和南越国宫城的范围和面貌。同时，在广州以外的地区也发现了南越国时期的城址，丰富了南越国研究的材料。

广州城区

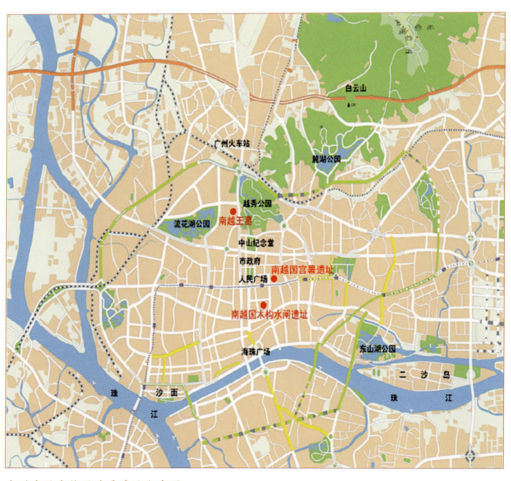

广州城区南越国重要遗迹分布图

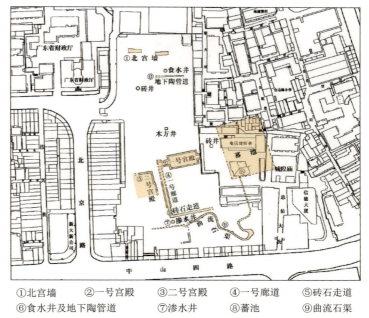

1975年以来，在南越国宫署遗址先后发现了南越国时期的大型宫殿建筑基址、宫苑园林水景、宫城城墙等重要遗迹，出土了大量的砖瓦、石、陶等建筑材料以及木简等重要文物，证明该遗址是南越王宫、御苑的所在地，是王国都城的核心区。

①北宫墙　　　②一号宫殿　　　③二号宫殿　　　④一号廊道　　　⑤砖石走道
⑥食水井及地下陶管道　　　⑦渗水井　　　⑧蓄池　　　⑨曲流石渠

南越国宫署遗址中的南越国时期遗迹平面图

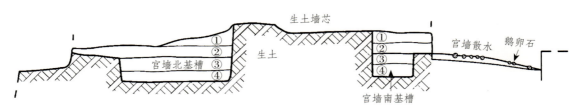

南越国宫城北墙基址剖面图

南越国宫城北墙基址　　　　　　　　　　排水暗渠

南越国宫城北墙基址（2006年发现）

　　宫城北墙墙基呈东西走向，南北宽3.8～4米，残深0.12～0.6米。它是在原山岗生土的南、北两侧向下各挖一条基槽，保留中间生土作墙芯，基槽夯筑至槽口向外展宽后再往上夯筑而成的。宫墙南面尚存用卵石铺砌的散水，宽1.5米。宽墙之下还埋设有陶排水管道。从倒塌的夯土堆积中出土较多的瓦和"万岁"文字瓦当可知，墙上原来是有瓦顶的。宫城北墙的发现为确定南越国都城和宫城的北界提供了准确的坐标。

南越国一号宫殿基址（2000 年发现）

　　一号宫殿台基东西长 30.2 米，南北宽 14.4 米，面积约 435 平方米。殿内残存柱础石和经火烤的活动硬面。台基东南角尚存侧立砖包边，散水内侧铺大型印花砖，外侧铺卵石。台基东、西两侧有入殿通道。

南越国二号宫殿基址及其散水上发现的"华音宫"陶片（2002 年发现）

　　二号宫殿位于一号宫殿西南，与一号宫殿有廊道相连。目前仅揭露出东北一角，台基结构与一号宫殿基本相同。宫殿的散水面上发现戳印"华音宫"的陶器残片，为确定该宫殿的名称提供了依据。"华音宫"未见史籍记载，应为南越自名的宫殿，可能意为"华夏之音"。

一号廊道位于一号宫殿和二号宫殿之间，是连接两者的通道。廊道宽5.94米，已发掘部分长44米，台基东、西两侧用砖侧立包边，散水用印花砖铺砌。廊道东南角还有修砌规整的渗水地漏，反映出南越国排水设施设计的科学性。

10　南越国一号廊道局部及其东南角的渗水地漏（2002年发现）

曲流石渠

石构水池（蕃池）

南越国宫苑石构水池（蕃池）和曲流石渠遗迹鸟瞰图（1995年、1997年发现）

　　1995年和1997年，在广州老城区中心先后发现了南越国宫苑的一座大型石构水池（蕃池）和一条长约180米的曲流石渠。其保存完好，是迄今为止我国发现年代最早的宫苑实例。

1995年石构水池遗迹发掘现场

1997年曲流石渠遗迹发掘现场

石构水池（蓄池）及"万岁"文字瓦当（1995 年发现）

　　石构水池（蓄池）位于宫苑北部，呈长方形斗状，池壁用石板呈密缝冰裂纹铺砌，石板平面上还刻凿有"蕃"字等。池底平整，用碎石铺就。目前仅揭开水池西南一角，约 400 平方米。其后，经钻探得知，水池面积约 4000 平方米。水池发现前，从密排的建筑桩孔内出土了南越国"万岁"瓦当。

曲流石渠遗迹全貌及局部（1997 年发现）

　　曲流石渠是南越宫苑的一大亮点，水流由北面的石构水池引入石渠，渠水曲折西流，再通过暗槽导出园外。流水狭长曲折，富于变幻，闸口控制水流由静变动，渠陂涌出波浪，斜口方便渠内龟鳖浮上水面呼吸，再借助回廊、步石等组成极富变化的园林景观。

南越国食水井 J323（2005 年发现）

食水井位于宫城北部，井圈用弧扇形砖错缝叠砌。井口内径 1.04 米，残深 14.3 米。井内出土南越国时期的"万岁"瓦当、菱形纹铺地砖、带字瓦片、陶罐、木辘轳等。

地下排水管道及其下的木暗槽（2005 年发现）

南越王宫内有科学完善的排水系统，其中地面排水设施有明渠、地漏和渗井，地下排水设施有陶管道和木暗槽，纵横交错。

渗水井及井内出土的南越木简（2004 年发现）

渗水井的两侧有进水口，污水经渗井沉沙后，从北面的渠道口排出。井内出土 100 多枚南越木简，内容涉及纪年、地名、职官、宫室管理等王宫档案，是研究南越国历史的第一手文字资料。

南越国木构水闸（2000 年发现）

　　水闸遗址位于广州市西湖路光明广场商厦地下一层，是 2000 多年前南越国的水利设施，兼具防洪防潮、排水及防御功能。其在建材选择、地基处理、总体布置、泄流和闸室稳定处理等方面，都与现代建闸标准基本相符，是目前世界上发现年代最早、规模最大、保存最完整的木构水闸遗址。它的发现，为确认南越国都城的南城墙提供了准确的坐标，也为研究汉代广州城区的防洪设施，两汉时期城址的布局、结构，珠江江岸线在广州城区的演变等提供了重要线索。

南越国木构水闸局部

广东梅州五华狮雄山遗址

狮雄山遗址出土云纹瓦当

狮雄山遗址发现于 20 世纪 80 年代，至今经历了五次发掘，发现环壕、壕沟、建筑基址、水井、灰坑和陶窑等秦汉时期的遗迹，出土了南越国时期的云纹瓦当、"定"字瓦当、封泥等遗物，表明遗址为秦征岭南而营建的城址，至南越国时期仍然沿用。

广西贵港贵城遗址

贵城遗址位于贵港市老城区的人民路一带，自 2008 年发现以来曾进行三次考古发掘，发现了秦汉时期的城壕等与城址相关的遗迹，出土了大量秦汉时期的遗物，包括较多的云纹瓦当、"万岁"瓦当等，其风格与南越国宫署遗址出土同类器物一致。根据考古发现推断，该遗址是秦桂林郡、汉郁林郡的郡治所在。

贵城遗址出土"万岁"瓦当

自 20 世纪初以来，两广地区发现了不少南越国时期的墓葬，墓中出土了大量精美文物，从政治、经济、文化、社会生活等方面生动地展现了南越国的历史面貌，大大弥补了文献记录的不足。

图　例

▲ 王宫、王陵　　▓ 番禺城范围

● 墓地、墓葬区　── 道路

1. 南越国宫署遗址	6. 淘金坑墓葬区	11. 马棚岗墓葬区	16. 农林东路大墓	21. 马岗墓地
2. 南越国木构水闸遗址	7. 华侨新村墓葬区	12. 红花岗墓葬区	17. 农林下路大墓	22. 马鹏岗墓葬区
3. 南越文王墓	8. 下塘墓葬区	13. 建设新村墓地	18. 流花桥墓地	23. 西村凤凰岗1号墓
4. 子园岗墓葬区	9. 梅花村墓葬区	14. 麻鹰岗墓地	19. 桂花岗墓地	
5. 瑶台墓葬区	10. 竹丝岗墓葬区	15. 龟岗大墓	20. 孖岗墓地	

广州市南越国遗迹分布图

在南越国都城番禺城东、北、西北的岗地上发现了大量南越国时期的墓葬。墓葬区与番禺城核心区域之间的空间，大致为番禺城的城郊。

南越王陵墓

仅发现一座，为南越文王墓。

1983 年发现于广州市越秀区象岗山，是南越国第二代王赵眜的陵寝。陵墓坐北朝南，采用竖穴凿洞的手法，用粗加工的大小石头 750 多块砌筑而成，建筑面积约 100 平方米，分七室。墓葬整体保存完好，未被盗掘，墓中共出土了 1000 多件（套）珍贵文物，集秦汉岭南文物精华于一处，是岭南地区规模最大、保存最好、出土器物最多的汉代彩绘石室墓。

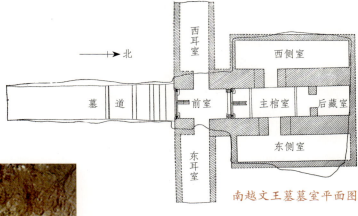

南越文王墓墓室平面图

墓道与外藏椁文物出土场景

墓道是进入墓室的通道，原本填满泥土和大石块。近墓门处筑有一长方形木椁室——外藏椁，其内有盛装食物的陶瓷、车马仪仗器等随葬品。椁室及墓道底部各有一殉人，他们可能是墓主人的"卫士"。

前室文物出土场景

前室西侧放置一漆木车模型；东侧棺内发现一殉人，从随葬的"景巷令印"铜印推测其为宦官兼御者。

东耳室文物出土场景

东耳室为礼乐宴饮用器的藏所。室内发现
3套青铜编钟、2套石编磬及琴瑟等乐器，还
发现了壶、钫、提筒等青铜酒器。

西耳室文物出土场景

西耳室为储存生活用器、珍玩的库房。其中出土了
礼器、兵器、车马器、生活用器、金银器等，它们大多
用漆箱、漆盒盛放，或者用丝麻织物包裹，层叠堆放。

主棺室文物出土场景

主棺室为墓主的葬所。葬具为一棺一椁，棺椁内
外发现有玉璧、玉容器等玉器及兵器、车饰等。墓主
身穿丝缕玉衣，装饰组玉佩，携带9枚玺印，其中"文
帝行玺"龙钮金印、"赵眜"玉印等成为确认墓主身
份及墓葬年代的主要依据。

东侧室文物出土场景

东侧室为墓主四位夫人的葬所。其中右夫人随葬品多且精，有"右夫人玺"金印、"赵蓝"象牙印、3枚无字印及2套组玉佩，表明其身份最高。其他三位夫人各有1枚鎏金铜印，分别为"左夫人印""泰夫人印""□夫人印"。

西侧室文物出土场景

西侧室发现7名殉人，其中一位是40岁左右的中年女性，其他均为青壮年。他们均无棺木，随葬品较为简单，推测其生前为墓主人的奴仆隶役。

后藏室文物出土场景

后藏室是储藏食物和放置炊煮器、盥洗器的库房。100余件铜、铁、陶器或层叠，或相套堆放于这个斗室之中。其中，多件铜鼎上有铭文"蕃禺""蕃"等。"蕃禺"即广州。30余件器物中盛装家禽、家畜和海产品等。此室内器旁或器内还发现10余枚"泰官"封泥，说明这些器物是经由泰官令署缄封的。

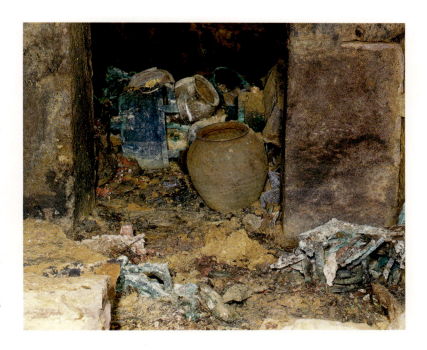

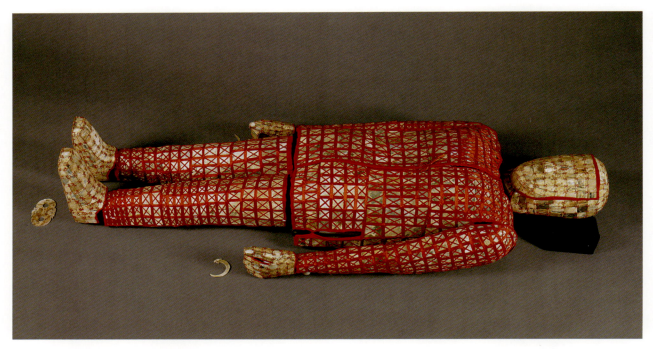

南越文王墓主棺室出土的丝缕玉衣

　　墓主身穿丝缕玉衣，头枕珍珠枕，口含珍珠团，头部和胸部盖有"覆面"和"珠襦"，棺椁内外还出土玉璧47块，实行完备的珠玉殓葬。该玉衣共使用2291块玉片，以丝缕编缀和麻布粘贴而成，故称"丝缕玉衣"。出土时丝缕已朽，玉片散落，后经修复。这是迄今为止发现较早的一套形制完备的丝缕玉衣。

南越文王墓主棺室出土的"文帝行玺"龙纽金印

　　"文帝行玺"金印出土于墓主胸部。墓主为南越文帝，证实了南越国第二代王在生前就自称文帝。该枚金印印台长3.1厘米，宽3厘米，通高1.8厘米，是目前所见西汉时期较大的一枚金印。

高等级贵族墓

这类墓的规模较大，或有墓上祭祀建筑，带墓道，墓中分室，有棺椁且大多保存较好。墓中随葬品数量较多，种类丰富，有铜器、玉器、漆器等。墓主人可能为王室成员或高级贵族。

2003年在广州古城东郊农林东路猫儿岗顶发现一座墓，其规模仅次于南越文王墓。墓室由甬道和主室组成，主室后壁用枋木垒砌挡板，两侧由边板和顶板构成"人"字形椁顶。椁底板下有垫土，局部区域铺垫密集的小石子，周边填充少量白膏泥和炭灰。因被盗，墓中残存陶、漆、木、皮、玉等器物19件（套），其中有一件髹漆皮甲。从墓葬形制及随葬品判断，墓主人应为土著越人，且地位较高，属国之重臣。此前农林东路曾多次发现南越国大型木椁墓。

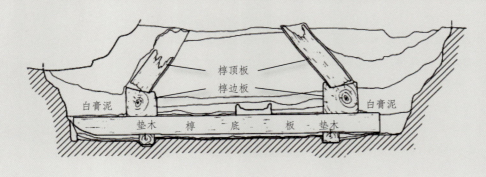

越秀东山农林东路"人"字顶木椁墓（2003年发现）

荔湾西村凤凰岗 1 号墓出土玉舞人（1983 年发现）

　　1983 年，在广州荔湾区西村凤凰岗发现一座大型木椁墓。此墓虽经盗扰，仍残存少许陶器和玉器，特别是玉器，有璧、璜、环、舞人、玉人、龙形佩饰、虎形佩饰、剑格等 20 余件。随葬玉器数量仅次于南越文王墓。

越秀柳园岗 11 号墓墓室全景及墓中部
分出土器物（1982 年发现）

　　1982 年在广州越秀三元里瑶台柳园岗发掘一座大型木椁墓，墓坑长 4 米，宽 3 米，残深 6 米。葬具为一棺一椁，木椁保存完好，木棺髹漆。随葬品以漆、木器为主，还有陶器和铜器，共 101 件，其中木俑 24 件。

增城金鸡岭 1 号墓墓室残存情况及墓中部分出土器物（2005 年发现）

　　2005 年广州市文物考古研究所在增城新塘镇金鸡岭发现一座大型木椁墓，为无墓道的单室木椁墓，这是广州东部地区目前所见南越国时期规格最高的墓葬。出土铜器数量多且精美，可惜被破坏，残存随葬器物 30 件（套），有铜鼎、铜镜、鎏金铜器、玉璧、漆盘等。

黄埔镬盖顶岭 1 号墓鸟瞰（2023 年发现）

　　2023 年广州市文物考古研究院在黄埔镬盖顶岭遗址发现一座南越国时期的大型越人墓。该墓独占镬盖顶岭，围沟东西长 18.6 米，南北宽 15.6 米，沟深约 0.6 米；现存土墩东西长 14 米，南北宽 9 米，堆积最厚处 0.5 米；墓室坑口长 4.36 米，宽 2.72 米；斜坡墓道西北向；墓坑底用小石块铺垫成石床，上置木椁。茔域外围西部还分布有密集的柱洞，推测可能当时还存在墓祭，表明墓主人身份不低。

中小型墓

　　多年来，考古工作者在广州古城东北华侨新村、淘金坑，西北郊旧广州机务段、旧广州水泥厂、旧广州铸管厂、东风西路市一医院地块，东部黄埔、增城等区域发现了越人墓葬。它们多为竖穴土坑墓，墓葬规模较小，部分残有椁、棺的板灰痕迹，随葬器物以陶器为主，铜器极少。墓主人应为中小官吏及以下的越人。

　　1973年在广州古城东北淘金坑发现21座西汉早期墓葬，其中16号墓出土陶鼎、盒、壶、罐、瓿等，其中一件陶罐上印有"长秋居室"，墓主人可能为中小官吏。

越秀淘金坑16号墓（1973年发现）

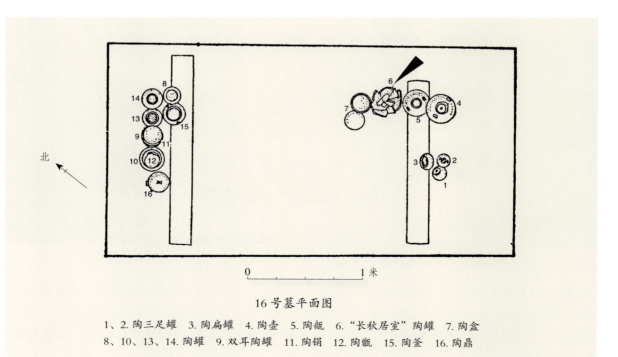

16号墓平面图

1、2. 陶三足罐　3. 陶扁罐　4. 陶壶　5. 陶瓿　6. "长秋居室"陶罐　7. 陶盒
8、10、13、14. 陶罐　9. 双耳陶罐　11. 陶铛　12. 陶瓿　15. 陶釜　16. 陶鼎

M49

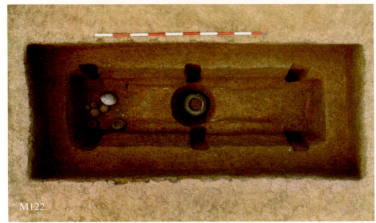

M122

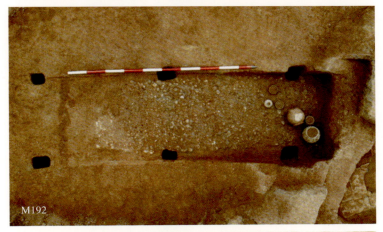

M192

M192 墓底腰坑

荔湾旧广州铸管厂越人墓（2010年至2011年发现）

2010年至2011年在荔湾西湾路旧广州铸管厂地块发掘南越国时期墓葬84座，不少墓葬墓底铺小石、带柱洞，部分墓底有腰坑。墓中随葬器物以陶器为主，有瓮、鼎、盒、壶、罐、瓿等，另有少量铜器。

黄埔陂头岭遗址（二期）（2021年发现）

现代冲沟
明清时期
战国中晚期至西汉早期

0   10米

黄埔陂头岭遗址出土陶罐

2021年在黄埔陂头岭遗址（二期）发现一批南越国时期的墓葬，其中既有大型墓葬（均被盗），也有中小型墓葬，均为典型的越人墓葬，并包含一些其他的文化因素，反映出这一区域在早期的文化交融中极为活跃。

广西贵港罗泊湾 1 号汉墓（1976 年发现）

　　1976 年在贵港罗泊湾发现 2 座汉墓，墓葬规模之大、随葬品之精美、文化信息之丰富在全国汉代考古中均少见。墓中出土文物种类多，有陶器、铜器、金器、漆器、木简等 1000 多件。墓主可能为南越国时期相当于诸侯王或郡守一级的官吏及其配偶。

广西贺州市金钟 1 号汉墓出土"左夫人印"玉印
（1979 年发现）

　　金钟 1 号汉墓为一座带斜坡墓道的竖穴木椁墓，出土有陶器、铜器、玉器、铁器等 100 多件，其中包括一件"左夫人印"玉印。推测墓主为诸侯王一级的配偶。

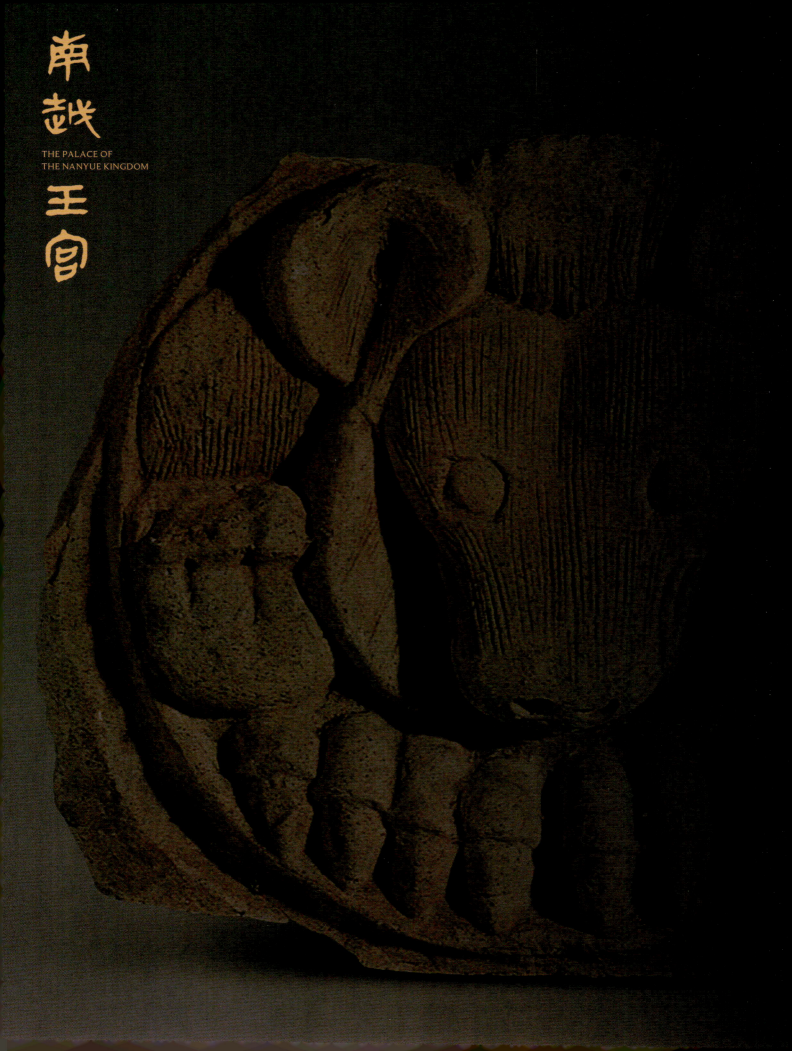

南越
王宫

THE PALACE OF
THE NANYUE KINGDOM

南越王宫

贰

秦朝末年，中原战乱，秦将赵佗为维护岭南社会稳定，于公元前二〇三年据有岭南建立南越国，定都番禺（今广州）。在南越政权的积极经营下，岭南地区实现了跨越式的大发展，为岭南文化最终融入多元一体的中华文明奠定了坚实的基础。

公元前203年，赵佗定都番禺（今广州）。番禺地处珠三角要冲，北靠越秀山，南临大海，珠江沿城南而过，地理位置优越，水陆交通便利，是全国九大都会之一，也是海上丝绸之路的重要节点。

秦定岭南

公元前221年，秦始皇统一六国，建立起中国历史上第一个统一的国家——秦朝。为进一步完成统一大业，公元前219年，秦军出兵岭南。公元前214年，平定岭南，设桂林、南海、象三郡，以番禺为南海郡治，任嚣为南海郡尉，赵佗为龙川县令。岭南地区首次纳入中央王朝政治版图。

《淮南子·人间训》关于秦军进攻岭南的记载

秦始皇"乃使尉屠雎发卒五十万为五军：一军塞镡城之岭，一军守九嶷之塞，一军处番禺之都，一军守南野之界，一军结余干之水，三年不解甲弛弩，使监禄无以转饷，又以卒凿渠而通粮道，以与越人战"。

赵佗立国

　　秦末，为防止中原战火蔓延至岭南，代行南海尉事的赵佗聚兵自守，于公元前203年建立起岭南地区的第一个地方政权——南越国，自立为南越武王，定都番禺。公元前111年，南越国为汉武帝所灭，历五世共93年。南越政权为维护国家统一，守卫秦汉南疆，促进汉越民族融合，推动岭南开发作出了重要贡献。

南越国世系

南越国世系表

南越五主	称　号	在位年代	主要事迹	墓　葬
一主赵佗	南越武王（帝）	在位67年 汉高祖四年（公元前203年）至汉武帝建元四年（公元前137年）	赵佗既是秦统一岭南的重要将领，又是西汉南越国的创立者，被誉为"开发岭南的第一功臣"	尚未发现
二主赵眜 （赵佗孙）	南越文王（帝）	在位16年 汉武帝建元四年（公元前137年）至汉武帝元狩元年（公元前122年）	汉建元六年（公元前135年），汉武帝为南越出兵征讨闽越王郢，赵眜为表示对汉朝的效忠，遣婴齐入长安宿卫	1983年在广州市象岗山发现了南越国第二代王赵眜的陵墓
三主赵婴齐 （赵眜子）	南越明王	在位约10年 汉武帝元狩元年（公元前122年）至汉武帝元鼎四年（公元前113年）	赵婴齐纳邯郸樛氏为其次妻。婴齐即位后，请立樛氏为王后、次子赵兴为太子，并藏其先武帝玺	有研究者认为，1983年发掘的广州西村凤凰岗木椁墓为赵婴齐的墓葬
四主赵兴 （赵婴齐次子）	南越哀王	在位约1年 汉武帝元鼎四年（公元前113年）	因生于汉廷，得立为太子。赵兴继位后，汉廷派安国少季为使者往南越"谕王、王太后以入朝，比内诸侯"	未载有陵
五主赵建德 （赵婴齐长子）	术阳侯	在位约2年 汉武帝元鼎五年（公元前112年）至汉武帝元鼎六年（公元前111年）	曾被封为高昌侯、术阳侯。南越国晚期，丞相吕嘉叛乱，拥立赵建德为王。元鼎五年（公元前112年），建德因有罪而国除	未载有陵

广州博物馆赵佗像

　　南海尉它（佗）居南方长治之，甚有文理，中县人以故不耗减，粤人相攻击之俗益止，俱赖其力。

——《汉书·高帝纪》

　　赵佗（约公元前 240 年～前 137 年），祖籍真定（今河北正定）。秦时与任嚣一起率军征服岭南，曾任南海郡龙川县令。公元前 203 年，赵佗建立南越国，后接受汉朝册封为南越王。他既是秦统一岭南的重要将领，又是西汉南越国的创立者，被誉为"岭南开发第一人"。

三百餘歲，故五伯更起。五伯者，常佐天子興利除害，誅暴禁邪，匡正海內，以尊天子。五伯既没，賢聖莫嗣，天子孤弱，諸侯恣行，彊陵弱，衆暴寡，田常篡齊，六卿分晉，並為戰國，此民之始苦也。於是彊國務攻，弱國備守，合從連橫，馳車擊轂，介冑生蟣蝨，民無所告愬。

及至秦王，蠶食天下，并吞戰國，稱號曰皇帝，主海內之政，壞諸侯之城，銷其兵，鑄以為鍾虡，示不復用。元元黎民得免於戰國，逢明天子，人人自以為更生。嚮使秦緩其刑罰，薄賦斂，省繇役，貴仁義，賤權利，上篤厚，下智巧，變風易俗，化於海內，則世世必安矣。秦不行是風而[循]其故俗，為智巧權利者進，篤厚忠信者退；法嚴政峻，諂諛者衆，日聞其美，意廣心軼。欲肆威海外，乃使蒙恬將兵以北攻胡，辟地進境，戍於北河，蜚芻輓粟以隨其後。又使尉[佗屠]睢將樓船之士南攻百越，使監祿鑿渠運糧，深入越，越人遁逃。曠日持久，糧食絕乏，越人擊之，秦兵大敗。秦乃使尉佗將卒以戍越。

當是時，秦禍北構於胡，南挂於越，宿兵無用之地，進而不得退。行十餘年，丁男被甲，丁女轉輸，苦不聊生，自經於道樹，死者相望。及秦皇帝崩，天下大叛。陳勝、吳廣舉陳，武臣、張耳舉趙，項梁舉吳，田儋舉齊，景駒舉郢，周市舉魏，韓廣舉燕，窮山通谷豪士並起，不可勝載也。然皆非公侯之後，非長官

之吏也。

今欲招南夷，朝夜郎，降羌僰，略濊州，建城邑，深入匈奴，燔其龍城，議者美之。此人臣之利也，非天下之長策也。今中國無狗吠之驚，而外累於遠方之備，靡敝國家，非所以子民也。行無窮之欲，甘心快意，結怨於匈奴，非所以安邊也。禍結而不解，兵休而復起，近者愁苦，遠者驚駭，非所以持久也。今天下鍛甲砥劍，橋箭累弦，轉輸輓繦，未見休時，此天下之所共憂也。夫兵久而不變，事煩而慮生。今外郡之

【索隱】鄒氏本作「蝨」，音同。
【集解】上篤尚也，貴也。
【索隱】他，他自他也，音徒何反。
【集解】監，官也。祿，監御史名祿也。
【集解】韋昭曰「監御史名祿也」。
【集解】謂智巧為巧也。
【集解】案：尉官也。
【索隱】劉氏「蠡音兵於斯」，蜚音如字。
【索隱】訓勝「蠡兵於斯」，蜚音如字。
【集解】鄒曰「長，進益也」。
【索隱】略濊州。[二]建城邑，深入匈奴，[三]議者美也。
【索隱】易聽，人姓名，雖音難。
或音螗螂，恐非也。下同。

越地。

三十三年，發諸嘗逋亡人、贅壻、賈人略取陸梁地，為桂林、象郡、南海，以適遣戍。[六]並取匈奴。自榆中並河以東，屬之陰山，以為[三]四十四縣，城河上為塞。又使蒙恬渡河取高闕、[陶][陽]山、北假中，築亭障以逐戎人。徙謫，實之初縣。禁不得祠。明星出西方。三十四年，適治獄吏不直者，築長城及南越地。

【集解】鄭玄曰「胡亥，秦二世名也」。
【正義】胡亥，胡亥，秦二世名也。
秦見圖書，不知此為人名，反備北胡。

【集解】廣曰「贅，謂居窮有子，使就其婦家為贅壻」。
【正義】今夏、勝等州，故曰南。
【集解】韋昭曰「謂南方之人，其性陸梁，故曰陸梁」。
【正義】嶺南之人多處山陸，其性強梁，故曰陸梁。
【正義】適音直革反。戍，守也。
【集解】徐廣云「輿地志云『五嶺者，大庾，始安臨賀揭陽桂林』」。
【集解】郤廣州南海縣。
【索隱】楊，桂陽。
【索隱】徐廣曰「在金城」。
【集解】服虔曰「並音傍，傍，依也」。

据《史记》记载，秦统一岭南后，命赵佗戍越，其后又多次从内地迁徙大批中原人到岭南屯边，给岭南带来了中原地区先进的文化和农业、手工业生产技术，为岭南地区的文明发展做出了贡献。

"陛下"木简（简116）

西汉南越国时期（公元前203年~前111年）

广州南越国宫署遗址出土

南越王博物院藏

尺寸：长25.1、宽2、厚0.1厘米

释文：受不能 兔 痛迾往二日中陛下

　　"陛下"是臣下对皇帝的尊称。《史记·高祖本纪》："然陛下使人攻城略地，所降下者，因以予之，与天下同利也。"

"帝印"玉印

西汉南越国时期（公元前 203 年～前 111 年）
广州南越文王墓出土
南越王博物院藏
尺寸：印面边长 2.3、高 1.7 厘米

　　史载，赵佗自称"南越武王"，曾尊号"武帝"，
创立南越国；第二代南越王则自号"文帝"。南越
文王墓中出土"文帝行玺""帝印"，与文献记载
相互印证南越王在位时自封尊号的史实。

南越国疆域

　　南越国的疆域包括今天的中国广东、广西和越南北部的广大地区。东抵今福建西部的安定、平和、漳浦，与闽越相接；北以五岭为界，以"犬牙相入"之状与长沙国相接；西与夜郎、句町等国毗邻，南则抵达越南北部，南临南海，疆域"东西万余里"。

行政制度

　　南越王赵佗在秦岭南三郡基础上建立了南越国。他一方面接受汉王朝的册封，臣属于中央王朝，另一方面在国内依然"称制，与中国侔"，具有一定的独立性。在行政制度上，南越国仿效秦汉之制分封诸侯王，实行郡国并行制，这样的行政制度对南越国社会安定、经济发展起到了积极作用。

郡 县 制

　　赵佗建立南越国后，延续秦时的郡县制设立郡县，仍设南海、桂林郡。后分秦象郡之地为交趾、九真二郡，"令二使者典主交趾、九真二郡民"。

"横山"木简（简134）

西汉南越国时期（公元前203年～前111年）
广州南越国宫署遗址出土
南越王博物院藏
尺寸：残长4.1、宽1.8、厚0.1厘米
释文：☑横山☑

　　"横山"应位于南越境内。目前"横山"地名在中国广东廉江、广西忻城和越南河静省都有出现。

"南海"木简（简067）

西汉南越国时期（公元前 203 年～前 111 年）

广州南越国宫署遗址出土

南越王博物院藏

尺寸：残长 24.7、宽 1.9、厚 0.1 厘米

释文：▢还我等系盈已系乃归南海▢▢

　　广州西村石头岗秦墓出土漆盒，烙印有"蕃禺"二字；南越文王墓出土青铜器中有"蕃禺""蕃"等铭文；南越国宫署遗址出土的南越木简有"南海""蕃禺"等文字。这些铭文和文物说明秦至南越国时期南海郡治番禺县位于今广州市区。

"典宪"木简（简 097）

西汉南越国时期（公元前 203 年 ~ 前 111 年）

广州南越国宫署遗址出土

南越王博物院藏

尺寸：长 24.9、宽 1.9、厚 0.15 厘米

释文：弗得至日夕时望见典宪驱其所牧〼

　　典，里典；宪，里典之名。战国时秦设里典，为一里之长，简称典。木简中的"典"，是南越国基层管理制度的重要体现。

分 封 制

在实行郡县制的同时，南越国在岭南沿用汉制分封诸侯王，形成了"国中之国"。文献记载，南越国分封的王侯有苍梧王赵光、高昌侯赵建德、西吁王等。此外，在广西贵港、贺州等地发现南越国时期的大墓，墓主可能是南越国分封的王侯。

戳印"苍梧"文字陶片

西汉南越国时期（公元前 203 年～前 111 年）
广州南越国宫署遗址出土
南越王博物院藏
尺寸：印面边长 3.2 厘米

"苍梧"为郡国名，其地在今广西与湖南永州零陵交界处。漓水、贺水流域是瓯越人的聚居地。《史记·南越列传》："苍梧王赵光者，越王同姓。"赵佗建立南越国后，封赵光为苍梧秦王，以加强对这一地区的控制与开发。根据湖南里耶秦简和张家山汉简《奏谳书》所录秦代文书中关于苍梧郡的记载，结合贺州铺门西汉早期大型墓葬的发现，可见在秦和西汉南越国时期，苍梧就已存在相当于郡、国一级的行政建制。

"潭侯"木简（简 096）

西汉南越国时期（公元前 203 年～前 111 年）

广州南越国宫署遗址出土

南越王博物院藏

尺寸：长 24.9、宽 2、厚 0.1 厘米

释文：赿弩拱都严故潭侯舍人廿六年八月属　五百魋引未引曰

潭侯，南越国所封侯爵。木简中"潭侯"的发现，进一步证实了南越国实行分封制。从木简上的"廿六年"推断，赵佗在南越国内进行分封列侯的时间，或不晚于"廿六年"，即在赵佗统治时已开始分封列侯。

定都番禺

　　广州背倚五岭，濒临南海，负山带海，处于相对独立的地理单元，又扼珠江入海口，汇东、西、北三江，地理条件优越，水陆交通便利，往北通过南岭通道可与中央保持政治和经济往来，往西溯西江而上可辐射广西乃至越南北部，物产丰饶，得鱼盐之利，辐辏舶来奇货，适宜建设大型都邑。

　　南越国番禺城奠定了历代广州城地理位置的基础。

番禺得名

　　番禺，广州最早的名称。广州西村石头岗秦代墓葬出土漆盒盖上有"蕃禺"两字烙印，这是番禺地名最早见于考古的实物。然而，关于"番禺"二字的意思和起源，至今学术界依然众说纷纭。

"番禺"得名的主要观点

序号	观点	观点内容
1	番山、禺山"二山"说	"番禺"是由番山、禺山二山名捏合而来。最早见于唐·徐坚《初学记》引南朝宋·沈怀远《南越志》："番禺县，有番、禺二山，因以为名。"
2	番山之禺（隅）"一山"说	最早见于北魏·郦道元《水经注》卷三十七"泿水"条，唐·李吉甫《元和郡县志》在提出"二山"说的同时又提出"或言置在番山之隅"
3	古越语音译	"番禺"是古代越人土语，黎语中"番"为"村"，"禺"为"咸"或"盐"，直译则为"村盐"，又根据《越绝书》所记古音模拟出"番禺"为"咸村"之意
4	"岭外蕃国蛮夷之地"说	根据古文献"蕃"同"番"，禺尤言区域，以及考古出土"蕃禺"到"番禺"的文字变化，提出番禺是"岭外蕃国蛮夷之地"
5	"蕃商侨寓"的省称	根据文献记载和考古出土的大量外来方物，推断海外蕃商渡海至珠江口登岸并聚众侨居，土著越人用意为"蕃商侨寓"的越语称之，再经汉人和汉籍意译为"蕃禺"或"番禺"。词取自宋·赵汝适《诸蕃志》
6	"疆域之一隅"	"番禺"有可能为古越语之记音，从古汉语还可解释成"藩隅"，指的是"疆域之一隅"，具有其时代含义，或正与中国历史上秦汉帝国的大一统及疆域扩大有关
7	作人名	出自《山海经·海内经》。文献中说："帝俊生禺号，禺号生淫梁，淫梁生番禺，是始为舟。番禺生奚仲，奚仲生吉光，吉光是始以木为车。"番禺在这里作为人名

考古番禺城

　　自 1995 年以来，经考古勘探与发掘，基本确认了南越国都城的位置，其主体大致东起旧仓巷、西至吉祥路、北界越华路、南达惠福路，东西长约 500 米，南北宽 800 米，面积约 40 万平方米。宫殿区居于都城西北部地势高隆的台地上，为番禺城的核心区域。墓葬区分布于都城的东郊、北郊与西郊外。墓葬区与宫殿区之间的空间，大致为番禺城的城郊。

"蕃"字铭文铜匜

西汉南越国时期（公元前 203 年～前 111 年）
广州南越文王墓出土
南越王博物院藏
尺寸：高 10.3、横宽 27.2、通流长 33.2 厘米，底横宽 16.5、
　　　纵长 12.2 厘米

　　圆角长方形，口微敛，腹部直，下折收成平底。有直槽形流。腹壁的左、右、后三侧各附一个兽首衔环。兽首衔环是先铸成再附入范中同器身一起铸出的。腹下刻铭"蕃""容""二斗"，一次刻出。"蕃"或为"蕃禺"的省称。

"蕃禺" 铭文铜壶

西汉南越国时期（公元前 203 年 ~ 前 111 年）
广州南越文王墓出土
南越王博物院藏
尺寸：口径 13、底径 10、高 23.5 厘米

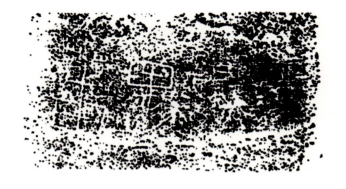

南越国宫城区位于番禺城的中北部，北枕越秀，南抱珠江，是都城的核心所在。其范围大概在今旧仓巷以西、吉祥路以东、中山路以北和越华路以南的区域，东西长约 500 米，南北宽约 300 米，面积约 15 万平方米。从目前已发掘的南越宫苑遗迹来看，南越国宫城大体可分为宫殿区和宫苑区两大部分。公元前 111 年，汉兵攻灭南越，纵火烧城，使近百年的王宫变为废墟。

南越宫殿

宫殿区位于宫城的中部，现已发掘出一号宫殿和二号宫殿遗址，两座宫殿之间有廊道相连。

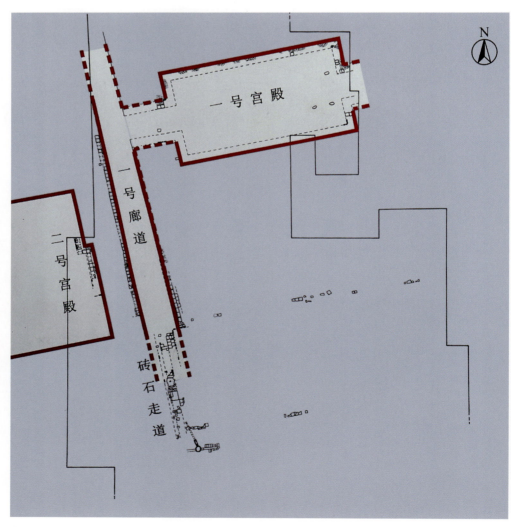

南越国一号、二号宫殿位置示意图

汉代，宫室营造制度基本形成。长安城有"未央宫""长乐宫"等。根据南越国宫署遗址、南越文王墓和广州淘金坑汉墓出土戳印"长乐宫器""长秋居室"和"未央"等宫殿名的陶器，可知南越国宫室的名称多效仿汉代中央王朝。

戳印"长乐宫器"文字陶鼎

西汉南越国时期（公元前 203 年～前 111 年）
广州南越文王墓出土
南越王博物院藏
尺寸：口径 10.5、腹径 22.8、高 23.5 厘米

汉高祖得天下后，于五年（公元前 202 年）"后九月，徙诸侯子关中。治长乐宫"（《汉书·高帝纪》）。长乐宫是汉都长安营建最早的宫殿，其重要性仅次于皇宫未央宫。汉世未央、长乐二宫并居都城南部，未央宫在西，又称西宫，为帝后所居；长乐宫在东，又称东宫，高祖时用作皇宫，此后一直为太后居住地。这件带有"长乐宫"标识的陶器，是南越国仿效汉朝宫殿名称的证明。

戳印"长乐宫器"文字陶瓮

西汉南越国时期（公元前 203 年～前 111 年）

广州南越文王墓出土

南越王博物院藏

尺寸：口径 28、腹径 46.5、高 53 厘米

　　南越文王墓中出土 30 多件陶瓷，其中 3 件有"长乐宫器"的戳印，为南越国自制。

48

戳印"未央"文字陶罐残片

西汉南越国时期（公元前 203 年~前 111 年）
广州南越国宫署遗址出土
南越王博物院藏
尺寸：残长 8.8、残宽 6.2、壁厚 0.7 厘米，印面长 2.1、残宽 1.9 厘米

　　未央宫是西汉王朝等级最高的宫殿，在汉长安城中有着极为重要的地位。南越国宫署遗址出土的"未央"铭文陶片表明，南越国也仿照汉长安城建有未央宫。

49

戳印"华音宫"文字陶器盖残片

西汉南越国时期（公元前 203 年～前 111 年）

广州南越国宫署遗址出土

南越王博物院藏

尺寸：印面长 2.7、宽 2.6 厘米

"高木宫"木简（简054）

西汉南越国时期（公元前203年～前111年）

广州南越国宫署遗址出土

南越王博物院藏

尺寸：长24.8、宽2、厚0.1厘米

释文：▢八版▢给常书内高木宫四版乐复取廿六

　　高木宫，不见于文献。《汉书·宣帝纪》："武帝疾，往来长杨、五柞宫。"颜师古曰："长杨、五柞二宫，并在盩厔，皆以树名之。"高木宫，或即宫中有高木者，其命名方式与汉上林苑内的长杨宫、五柞宫一致。

秦汉宫殿建筑普遍使用砖铺地。南越国宫殿用砖形式多样，分为大方砖、长方砖、三角砖、带榫砖、转角砖、扇形砖和空心砖等。不同规格的砖具有不同用途，每件构件均显示出南越王宫建筑的恢宏气势。

素面大方砖

西汉南越国时期（公元前 203 年～前 111 年）

广州南越国宫署遗址出土

南越王博物院藏

　　这件特大方砖是我国目前考古发现最大的砖，最能体现南越国大砖的高超烧造技术。砖胎体厚重，侧面和底面戳有圆锥形气孔，这是为了大砖在烧制过程中能够均匀受

印花大方砖

西汉南越国时期（公元前 203 年～前 111 年）

广州南越国宫署遗址出土

南越王博物院藏

尺寸：边长 70、厚 12 厘米

这种四叶纹对植物本来的形象进行了再创造，使其吻合
菱形的形状。通过简单纹饰的组合排列，砖面呈现了具
有规律性、严谨性的装饰风格。

印花小方砖

西汉南越国时期（公元前 203 年～前 111 年）

广州南越国宫署遗址出土

南越王博物院藏

尺寸：边长 34、厚 4 厘米

复线菱形方砖

西汉南越国时期（公元前 203 年～前 111 年）

广州南越国宫署遗址出土

南越王博物院藏

尺寸：残长 22、残宽 24.5、厚 4.8 厘米

菱形四叶三角形纹大方砖

西汉南越国时期（公元前 203 年～前 111 年）

广州南越国宫署遗址出土

南越王博物院藏

尺寸：长 69.5、宽 68.8、厚 11 厘米

素面方砖

西汉南越国时期（公元前 203 年～前 111 年）

广州南越国宫署遗址出土

南越王博物院藏

尺寸：边长 34、厚 5 厘米

菱形三角形纹大方砖

西汉南越国时期（公元前 203 年～前 111 年）

广州南越国宫署遗址出土

南越王博物院藏

尺寸：长 64.5、宽 63.7、厚 11.5 厘米

菱形四叶纹大方砖

西汉南越国时期（公元前 203 年～前 111 年）

广州南越国宫署遗址出土

南越王博物院藏

尺寸：长 69.6、宽 68.8、厚 10.2 ～ 12.5 厘米

戳印"左官奴单"菱形四叶三角形纹砖

西汉南越国时期（公元前 203 年～前 111 年）

广州南越国宫署遗址出土

南越王博物院藏

尺寸：残长 31、残宽 24.3、厚 8 厘米，印面长 2.6、宽 2.4 厘米

印花长方砖

西汉南越国时期（公元前 203 年～前 111 年）

广州南越国宫署遗址出土

南越王博物院藏

尺寸：长 70.5、宽 45、厚 9 厘米

青釉菱形四叶纹砖

西汉南越国时期（公元前 203 年～前 111 年）

广州南越国宫署遗址出土

南越王博物院藏

尺寸：残长 21、残宽 20.5、厚 9 厘米

绳纹长方砖

西汉南越国时期（公元前 203 年～前 111 年）

广州南越国宫署遗址出土

南越王博物院藏

尺寸：长 70.5、宽 47.8、厚 9 厘米

绳纹长方砖

西汉南越国时期（公元前 203 年～前 111 年）

广州南越国宫署遗址出土

南越王博物院藏

尺寸：长 69.8、宽 47.2、厚 9 厘米

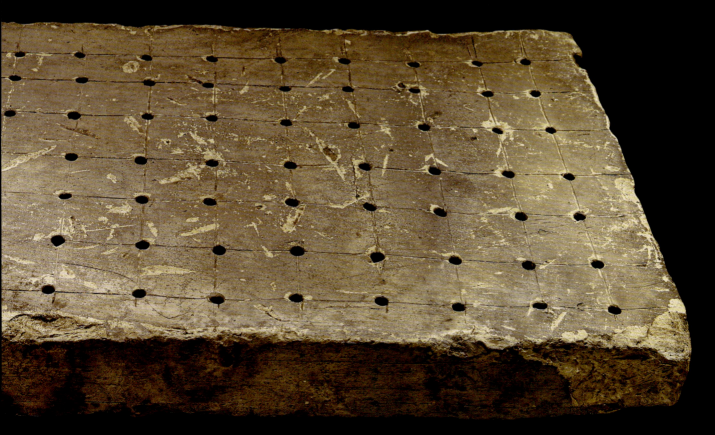

青釉砖

西汉南越国时期（公元前 203 年～前 111 年）
广州南越国宫署遗址出土
南越王博物院藏
尺寸：残长 21、厚 9 厘米

砖的表面、底面和侧面均施有青釉。

三角砖

西汉南越国时期（公元前 203 年～前 111 年）
广州南越国宫署遗址出土
南越王博物院藏
尺寸：残长 45、厚 10.5 厘米

用于铺砖面的夹角位置。

菱形四叶纹三角砖

西汉南越国时期（公元前 203 年 ~ 前 111 年）

广州南越国宫署遗址出土

南越王博物院藏

尺寸：长斜边残长 45、残宽 23、厚 10.5 厘米

凸榫砖

西汉南越国时期（公元前 203 年～前 111 年）

广州南越国宫署遗址出土

南越王博物院藏

尺寸：长 68、宽 20.6、厚 5.5 厘米

菱形四叶回形纹带榫砖

西汉南越国时期（公元前 203 年～前 111 年）

广州南越国宫署遗址出土

南越王博物院藏

尺寸：残长 31.5、宽 34、厚 5.5 厘米，
　　　凸榫长 3、厚 2.2 ～ 2.8 厘米

素面带榫长方砖

西汉南越国时期（公元前 203 年 ~ 前 111 年）

广州南越国宫署遗址出土

南越王博物院藏

尺寸：通长 45.7、通宽 27、厚 3 厘米，

　　　长榫长 40.7、宽 2.5、厚 1 ~ 2 厘米，

　　　短榫长 24.5、宽 5、厚 1 ~ 2 厘米

　　两端有相交错的凸榫，用于散水外侧边栏。

印花包柱转角砖

西汉南越国时期（公元前203年～前111年）
广州南越国宫署遗址出土
南越王博物院藏
尺寸：坡面残长61、残宽40、残高37厘米

转角砖，坡面倾斜，砖面模印几何图案，用于宫殿台基转角处。其内部呈弧形面是包纳柱子的，而且包柱面略微倾斜，可见南越国宫殿的外侧柱子有一定的倾斜。这是为了加强建筑的整体稳定性而设的。

柱础石

西汉南越国时期（公元前 203 年～前 111 年）
广州南越国宫署遗址出土
南越王博物院藏
尺寸：长 85、宽 73、厚 17 厘米

　　柱础石是安放在柱子下面的基石，用以承受屋柱的压力。柱础石能使木质结构的柱子与潮湿的地面隔离，延长屋柱的使用寿命。一号宫殿目前残留了三块近方形的柱础石。

熊饰踏跺空心砖

西汉南越国时期（公元前 203 年～前 111 年）
广州南越国宫署遗址出土
南越王博物院藏
尺寸：长 160、宽 29.5、高 26.5、壁厚 3.5～4.5 厘米

　　长方体，空心，两端以熊装饰。用于宫殿台阶。熊在当时是一种寓意吉祥的动物，《诗经》里就提到："维熊维黑（pí），男子之祥；维虺（huǐ）维蛇，女子之祥。"意思就是梦见熊是生男孩的吉兆，梦见蛇是生女孩的吉兆。

　　踏跺是用于宫殿台阶的建筑构件。整体用宽大的空心砖砌成。类似的踏跺在秦汉建筑遗址常有发现，但两端饰熊纹的仅见于南越国。踏跺侧面模印精美的熊纹图案，主要体现熊头部，熊两眼正视前方，炯炯有神，既憨态可掬，又雄悍威猛。

熊饰踏跺空心砖

西汉南越国时期（公元前 203 年～前 111 年）
广州南越国宫署遗址出土
南越王博物院藏
尺寸：残长 29、宽 29.5、高 26.5 厘米

踏跺空心砖熊饰

西汉南越国时期（公元前 203 年～前 111 年）

广州南越国宫署遗址出土

南越王博物院藏

尺寸：残宽 20 厘米

屋面铺设

　　所谓"有瓦遮头"，瓦能为人们遮风挡雨，提供庇护。在汉代规模较大的建筑上均使用瓦铺设屋顶。瓦的基本形制主要分为板瓦和筒瓦两种。板瓦凹面向上，方便汇聚雨水，两排板瓦之间，覆盖筒瓦，用于遮挡板瓦之间的缝隙，防止漏水。南越国宫署遗址出土有四叶纹、云箭纹、"万岁"文字瓦当，还有板瓦、筒瓦、折腰瓦、带钉瓦等，其中部分板瓦、筒瓦施青釉。

南越国宫署遗址出土的云箭纹、四叶纹瓦当

云箭纹瓦当

西汉南越国时期（公元前 203 年～前 111 年）
广州南越国宫署遗址出土
南越王博物院藏
尺寸：当径 15.3 厘米

　　瓦当在西周时期就已经出现。早期的瓦当以表现自然的动物、植物、云纹等为主要纹饰，间或出现一些神兽纹。南越国云箭纹瓦当保留了秦汉之际的朴实风格。

云箭纹瓦当

西汉南越国时期（公元前 203 年～前 111 年）
广州南越国宫署遗址出土
南越王博物院藏
尺寸：当径 14、厚 0.8 厘米

云箭纹瓦当

西汉南越国时期（公元前 203 年～前 111 年）

广州南越国宫署遗址出土

南越王博物院藏

尺寸：残长 12、残宽 9、厚 1 厘米

云箭纹瓦当

西汉南越国时期（公元前 203 年～前 111 年）

广州南越国宫署遗址出土

南越王博物院藏

尺寸：当径 15.3、厚 1.2 厘米

四叶纹瓦当

西汉南越国时期（公元前 203 年～前 111 年）

广州南越国宫署遗址出土

南越王博物院藏

尺寸：残长 14、残宽 6.5、厚 1.1 厘米

南越国宫署遗址出土的"万岁"文字瓦当

　　相比于汉长安城出土的"千秋万岁""长生无极""长乐未央"等吉语瓦当，南越王宫仅发现"万岁"文字瓦当一种。虽然内容单一，文字样式却有十几种之多，甚至具有鸟虫书的笔韵，被誉为"岭南最早的美术字"。

"万岁"文字瓦当

西汉南越国时期（公元前 203 年～前 111 年）
广州南越国宫署遗址出土
南越王博物院藏
尺寸：当径 16.6、厚 0.8 厘米

　　"万岁"是汉代常用的吉祥语，应该是"千秋万岁"的省称。"万岁"在汉代寓意长寿，也作为祝颂语。东晋葛洪《抱朴子·内篇》提到："千岁之鸟，万岁之禽，皆人面而鸟身，寿亦如其名。""千秋""万岁"都是人面鸟身的神兽，非常长寿。

涂朱"万岁"文字瓦当

西汉南越国时期（公元前 203 年～前 111 年）
广州南越国宫署遗址出土
南越王博物院藏
尺寸：当径 16.8、厚 1.3 厘米

涂朱"万岁"文字瓦当

西汉南越国时期（公元前 203 年～前 111 年）
广州南越国宫署遗址出土
南越王博物院藏
尺寸：当径 16、厚 1 厘米

　　瓦当表面涂有鲜红的朱砂，多已
脱落。瓦当背面有穿孔和筒瓦切割痕。

"万岁"文字瓦当

西汉南越国时期（公元前 203 年～前 111 年）

广州南越国宫署遗址出土

南越王博物院藏

尺寸：当径 16.7、厚 0.8～1.2 厘米，边轮宽
　　　0.5～0.7 厘米

"万岁"文字瓦当

西汉南越国时期（公元前 203 年～前 111 年）

广州南越国宫署遗址出土

南越王博物院藏

尺寸：当径 16.4～16.8、厚 1.1 厘米，边轮宽
　　　0.6～0.8 厘米，当背筒瓦残长 6.1 厘米

"万岁"文字瓦当

西汉南越国时期（公元前 203 年～前 111 年）

广州南越国宫署遗址出土

南越王博物院藏

尺寸：当径 16.1、厚 0.7 厘米，边轮宽 0.5～0.7 厘米

"万岁"文字瓦当

西汉南越国时期（公元前 203 年~前 111 年）

广州南越国宫署遗址出土

南越王博物院藏

尺寸：当径 15.5、厚 1.1 厘米，边轮宽 0.6 厘米，
　　　当背筒瓦残长 3.1 厘米

"万岁"文字瓦当

西汉南越国时期（公元前 203 年~前 111 年）

广州南越国宫署遗址出土

南越王博物院藏

尺寸：当径 17.5、厚 1 厘米，当背筒瓦残长 2.5 厘米

"万岁"文字瓦当

西汉南越国时期（公元前 203 年～前 111 年）

广州南越国宫署遗址出土

南越王博物院藏

尺寸：当径 15.3、厚 2 厘米，当背筒瓦残长 2.7 厘米

连筒"万岁"文字瓦当

西汉南越国时期（公元前 203 年～前 111 年）

广州南越国宫署遗址出土

南越王博物院藏

尺寸：当径 17.5、当厚 1 厘米，边轮宽 0.5 ～ 0.7
厘米，当背筒瓦残长 19、厚 1.3 厘米

连筒"万岁"文字瓦当

西汉南越国时期（公元前 203 年～前 111 年）

广州南越国宫署遗址出土

南越王博物院藏

尺寸：当径 17.2、厚 1.5 厘米，边轮宽 0.4 ～ 0.6 厘米，

　　　当背筒瓦残长 40、厚 0.8 ～ 1.5 厘米

连筒"万岁"文字瓦当

西汉南越国时期（公元前 203 年～前 111 年）
广州南越国宫署遗址出土
南越王博物院藏
尺寸：当径 16.4、当背筒瓦长 24.5 厘米

　　筒瓦的制作工序大致是：先用泥条盘筑法制成圆筒，再用事先刻好的模子压制出有图案的瓦心。然后将筒瓦和瓦心粘接，再用刀片或绳弓等工具切下，一件筒瓦就完成了。这件筒瓦是了解南越国瓦当制作工艺难得的标本。

带钉"万岁"文字瓦当

西汉南越国时期（公元前 203 年～前 111 年）

广州南越国宫署遗址出土

南越王博物院藏

尺寸：当径 16.9、当背筒瓦残长 8.1 厘米

带钉连筒"万岁"文字瓦当

西汉南越国时期（公元前 203 年～前 111 年）

广州南越国宫署遗址出土

南越王博物院藏

尺寸：筒瓦残长 47 厘米

南越国宫署遗址出土的各式带钉板瓦和筒瓦

绳纹板瓦

西汉南越国时期（公元前 203 年～前 111 年）
广州南越国宫署遗址出土
南越王博物院藏
尺寸：长 51.5、宽 35 ～ 40、厚 1.2 厘米

绳纹板瓦

西汉南越国时期（公元前 203 年～前 111 年）

广州南越国宫署遗址出土

南越王博物院藏

尺寸：残长 36、宽 37 ～ 39、厚 1.4 厘米

带钉绳纹板瓦

西汉南越国时期（公元前 203 年～前 111 年）
广州南越国宫署遗址出土
南越王博物院藏
尺寸：长 48.4、宽 40、厚 0.9～1.5 厘米

带钉板瓦

西汉南越国时期（公元前 203 年～前 111 年）
广州南越国宫署遗址出土
南越王博物院藏
尺寸：残长 34、宽 36 厘米

　　古代级别较高的建筑多用筒瓦和板瓦相间的方式铺
设屋顶。在南越国宫署遗址出土的瓦片中，有部分带钉瓦。
这些钉主要分为两种，短小且置于瓦片内侧的，主要起固
定瓦片作用；尖长且置于瓦片外侧的，可能具有装饰、防
滑或防盗的作用。

带钉绳纹筒瓦

西汉南越国时期（公元前 203 年～前 111 年）

广州南越国宫署遗址出土

南越王博物院藏

尺寸：长 47、筒径 16.5、厚 1.5 厘米

带钉绳纹筒瓦

西汉南越国时期（公元前 203 年～前 111 年）
广州南越国宫署遗址出土
南越王博物院藏
尺寸：残长 20.6、残宽 14.2、厚 1.1 厘米，
　　　钉高 4.5 厘米

绳纹筒瓦

西汉南越国时期（公元前 203 年 ~ 前 111 年）

广州南越国宫署遗址出土

南越王博物院藏

尺寸：通长 45.8、筒径 17.5 ~ 18.6、厚 1 ~ 1.4 厘米

绳纹折腰瓦

西汉南越国时期（公元前 203 年～前 111 年）
广州南越国宫署遗址出土
南越王博物院藏
尺寸：长 44 厘米

　　两端翘起，如马鞍状。

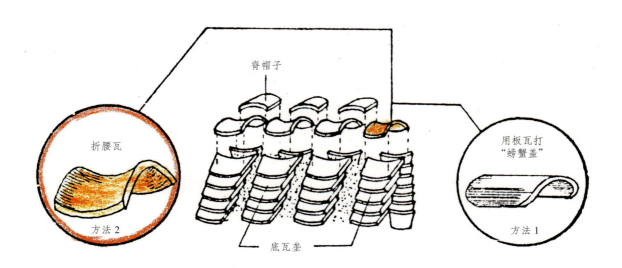

脊帽子

折腰瓦
方法 2

用板瓦打
"螃蟹盖"
方法 1

底瓦垄

（引自南越王宫博物馆编：《南越国宫署遗址——岭南两千年中心地》，广东人民出版社，2010 年）

朱砂红梳篦纹陶鸱尾

西汉南越国时期（公元前 203 年～前 111 年）

广州南越国宫署遗址出土

南越王博物院藏

尺寸：残长 12.8、残宽 12、厚 3.2 厘米

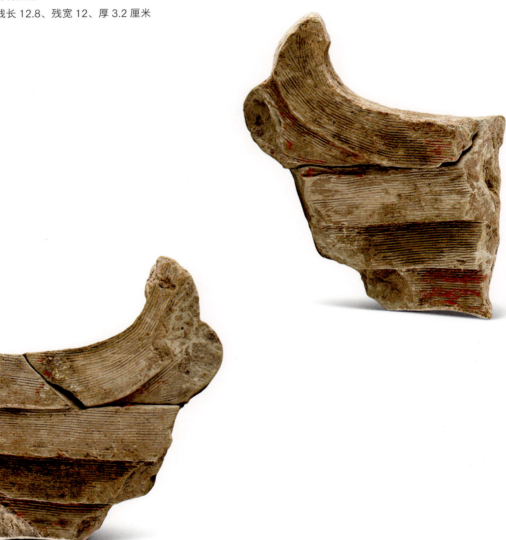

排水系统

　　珠江作为大型河流，入海口开阔，且河道泥沙淤积较少，相比黄河、长江较少发生洪水，但降雨量却更大，因此广州防水更多是针对暴雨的排水。南越王宫内排水设施纵横交错，明沟暗渠贯通，渗井、地漏相间，是目前秦汉城市考古发现保存最完好的排水设施之一。

一号廊道东侧散水及排水明渠

二号宫殿散水遗迹局部

　　散水主要用于疏散雨水。散水从里往外，依次铺设一层斜铺的散水砖、一层鹅卵石、一排侧立包边砖，结构完整，用料精良，制作精致。在南越国的宫殿建筑周围，均发现有用鹅卵石、印花砖以及用于包边的凸榫砖铺成的斜坡式散水。

地下圆形陶管道

砖石走道下的木暗槽

曲流石渠出水木暗槽

蕃池南壁木暗槽

陶算

西汉南越国时期(公元前203年～前111年)

广州南越国宫署遗址出土

南越王博物院藏

尺寸：残长26.4、残宽25、厚3.7厘米，

算孔长14.6、宽1.4厘米

算是指排水道或渗井的盖。南越国宫署遗址内发现的算有石和陶两种质地。明渠里的污水经算过滤后排到暗渠内，再通过渗水井过滤后排出宫外。

陶算

西汉南越国时期(公元前203年～前111年)

广州南越国宫署遗址出土

南越王博物院藏

石筭

西汉南越国时期（公元前 203 年～前 111 年）

广州南越国宫署遗址出土

南越王博物院藏

尺寸：残长 27.4、残宽 23、厚 2.5 ～ 3 厘米

砂岩石质，石板上凿有长短不一的长条形筭孔。

绳纹圆形陶管道

西汉南越国时期（公元前 203 年～前 111 年）
广州南越国宫署遗址出土
南越王博物院藏
尺寸：长 63.5、大端口径 29、小端口径 21 厘米

　　陶制排水管道有圆形和方形两种。每节陶排水管大
头套小头，节节组合，形成了延绵的排水管道，管内水
流方向自大口到小口。排水管道的组合原理与今天的承
插管一致。每当天空突降大雨，宫殿瓦滴水落在散水，
通过渗水井、排水管道、明暗渠，将雨水逐渐排空。

方形陶管道

西汉南越国时期（公元前 203 年 ~ 前 111 年）

广州南越国宫署遗址出土

南越王博物院藏

尺寸：通长 116 厘米，大端口径长 40、宽 35、深 9 厘米，小
端口径长 35、宽 25、凸出长 9 厘米，壁厚 3 ~ 4 厘米

绳纹陶井圈

西汉南越国时期（公元前 203 年～前 111 年）

广州南越国宫署遗址出土

南越王博物院藏

尺寸：直径 80、高 45、厚 2.8 ~ 3.1、圆孔径 6 厘米

绳纹陶井圈

西汉南越国时期（公元前 203 年～前 111 年）

广州南越国宫署遗址出土

南越王博物院藏

尺寸：直径 101.7、高 33、厚 4 ～ 4.5 厘米

王家园林

　　宫苑区位于宫城东北部，主要由一座大型石构水池（蕃池）和一条现存长约 160 米的曲流石渠构成，是目前发现年代最早、保存较为完好的宫苑园林实例，是岭南园林的源头，也是广州作为历史文化名城的精华所在。

曲流石渠想象复原图

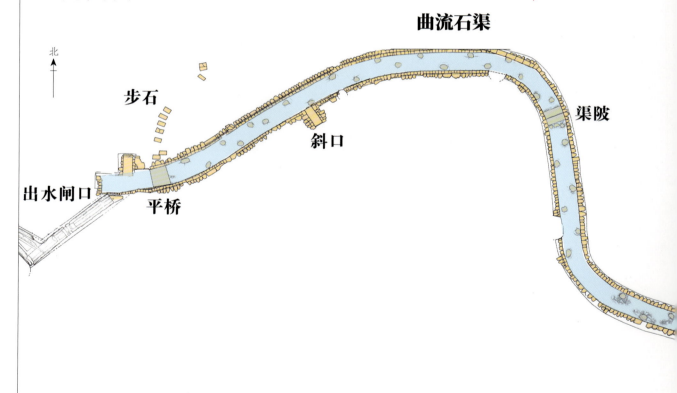

　南越宫苑曲流石渠、蕃池位置示意图

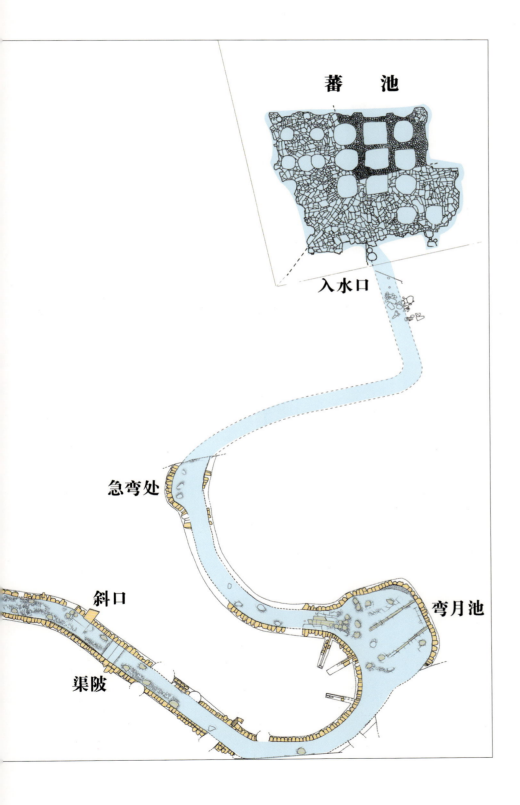

蕃 池

入水口

急弯处

斜口

弯月池

渠陂

南越宫苑想象复原图

曲流石渠

蕃池

南越宫苑曲流石渠、蕃池遗迹鸟瞰

蕃池

蕃池位于宫苑北部，面积约为 4000 平方米，人工水景呈 "一池三山" 模式。池面呈方形，池壁用平整的砂岩石板呈密缝冰裂纹铺砌，四面向中心池底倾斜，池底平整，铺有碎石。蕃池整体呈斗状，最深处达 2.5 米。池中构筑有大型建筑，四周设有石护栏，是供南越王游乐的池苑。

《史记·秦始皇本纪》记载："……海中有三神山，名曰蓬莱、方丈、瀛洲，仙人居之……遣徐市发童男女数千人，入海求仙人。" 秦始皇在兰池宫内筑蓬莱山，开启了后代皇家园林的 "一池三山" 景观模式。

石构水池内倾倒的叠石柱遗迹

密缝冰裂纹铺砌的蕃池壁

蕃池壁上的"蕃"字与南越木简"蕃池"二字

　　石构水池南壁上的"蕃"字石刻与南越木简上的"蕃池"二字，相互印证了水池名为"蕃池"。

"蕃池"木简（简 026）

西汉南越国时期（公元前 203 年~前 111 年）
广州南越国宫署遗址出土
南越王博物院藏
尺寸：残长 24.2、宽 1.7、厚 0.1 厘米
释义：☐☐距上莫蕃翟蒿蒿蕃池☐离离吾都卑

　　1995 年南越国石砌水池被发现，其中出土了"蕃"字石刻。该水池可能就是南越木简文字中所说的"蕃池"。

石望柱

西汉南越国时期（公元前 203 年～前 111 年）
广州南越国宫署遗址出土
南越王博物院藏
尺寸：残高 61、柱体径 12.8 厘米，
　　　底座宽 14.2 ～ 15、高 8 厘米，
　　　凸榫长 8.8、宽 5、高 4 厘米

石望柱

西汉南越国时期（公元前 203 年～前 111 年）

广州南越国宫署遗址出土

南越王博物院藏

尺寸：通长 19.5 厘米，柱体残高 7.3、柱径 10.2 厘米，
　　　方座边长 14.4 厘米 ×14 厘米、高 11 厘米，
　　　凸榫长 9、宽 5.2、残高 1.1 厘米

石望柱

西汉南越国时期（公元前 203 年～前 111 年）

广州南越国宫署遗址出土

南越王博物院藏

尺寸：残高 30、柱身径 8.8 厘米，底座宽 11.6 ～ 13.2、

　　　柱头宽 8.2 ～ 10.6、高 9.6 厘米

石望柱

西汉南越国时期（公元前 203 年～前 111 年）

广州南越国宫署遗址出土

南越王博物院藏

尺寸：残高 20.9 厘米，柱头宽 8.2 ～ 10.6、

　　　高 13.2 厘米，底座宽 11.6 ～ 14.8、高

　　　7 厘米，柱身径 9.6、残高 0.7 厘米

　　仅存望柱头，下连一方座，座下连

八棱形柱身。

石望柱底座

西汉南越国时期（公元前 203 年 ～ 前 111 年）
广州南越国宫署遗址出土
南越王博物院藏
尺寸：残长 21.4、宽 19.4、厚 13.2 厘米

曲流石渠

　　曲流石渠位于蕃池西南面，二者以一条木暗槽相连通。曲流石渠整体走向从东北至西南，原长约180米，现残长约160米。渠体蜿蜒曲折，高低起伏，当中筑有急弯处、弯月形水池、渠陂、斜口、闸口等特殊结构，弯月形水池上建有水榭，在曲流石渠尽头还筑有石板平桥、步石和曲廊。景点设计巧妙，理水技巧成熟，体现了秦汉时期园林艺术水平和造园水平。

弯月形水池

　　弯月形水池位于曲流石渠的东端，池中竖起两列大石板，南、北各立一个八棱形石柱，柱顶上出凸榫，推测其上原有亭榭类建筑。

南越曲流石渠平面图

北

南越国砖石走道

关键柱

排水管

南越木简井

南汉砖井

渠

步石

第三斜口

第二斜口

清代瓦圈井

石板平桥

南汉砖渠

东晋砖暗渠

南越国木暗渠

南朝砖井

南朝

秦"垫木地牛"

清代瓦圈井

秦代木料加工场

清代瓦圈井

宋代砖墙基

元代砖井

唐代砖井

关键柱

关键柱

唐代砖井

关键柱

南汉砖井

南朝砖井

南越国回廊

明代瓦圈井

明代瓦圈井

出口

民国砖井

出水闸口

卵石铺底

南汉宫池

秦代蓄木坑

唐代砖井

南朝砖井

元代砖井

第二渠陂

复原南越曲渠

圈井

东汉陶圈井

圈井

暗 渠

入口

石

东汉砖井

曲

东汉砖井

第一斜口

弯月池

瓦圈井

东汉砖井

南朝砖井

民国砖井

第一渠陂

清代砖井

流

急弯处

清代瓦圈井

西汉砖渠

弯月形水池

急弯处

渠陂

用于阻水和限水的渠陂。

斜口

石渠共发现3处斜口，为方便龟鳖爬上而设计。

平桥、步石

平桥由两块大石板平架在石渠之上。平桥北面铺有步石，间距约0.6米，是最适合的步距。

南越国园林造园特点

一是利用自然地形和自然环境。南越国宫苑所处位置地块狭小,不适于建造中原式的巨型园林,岭南工匠充分利用岭南独特的地理环境和水文气候条件等有利因素来把握总体造园形式,园林规模不大,但规划设计细致合理。

二是园林内部空间布置精密,施工精巧。御苑蕃池的冰裂纹砌石、龟鳖活动的斜口、用于调节水流的闸口和渠陂以及弯月形水池,乃至曲流石渠中仿效山野溪流的圆形鹅卵石,都反映了岭南工匠造园时的巧思。

三是喜用水景、植物、建筑等造园要素综合成景,园林设计的重点已从中原的模拟神仙境界转至注重世俗题材的刻画,这种审美意趣一直影响着后世的岭南园林发展。

石渠内卵石和石板

西汉南越国时期(公元前 203 年~前 111 年)

广州南越国宫署遗址出土

南越王博物院藏

尺寸:卵石长 19.2、宽 17.6、厚 8.7 厘米,
　　　石板长 49.3、宽 35.2、厚 5.4 厘米

门斗石板

西汉南越国时期（公元前 203 年 ~ 前 111 年）

广州南越国宫署遗址出土

南越王博物院藏

尺寸：残长 56、宽 34、厚 12.4 厘米

自然生态

　　南越宫苑遗址出土大量植物种子、果实、树叶以及动物的骸骨。种子、果实有杨梅、荔枝、橄榄、桃、梅、南酸枣等，树植有李属、樟科、葫芦科、阔叶林等，可想象当年宫苑内芳草萋萋，绿树成荫，满园奇花异果的景象。宫苑内养有龟、鳖、鱼、蛙和梅花鹿等，自然风光微缩于宫苑园林之间，游鱼聚集，龟鳖深潜，飞鸟走兽，生机盎然。

弯月形水池出土的龟鳖残骸堆积

梅花鹿角

西汉南越国时期（公元前 203 年～前 111 年）
广州南越国宫署遗址出土
南越王博物院藏

"鹿死腐"木简（简084）

西汉南越国时期（公元前203年～前111年）
广州南越国宫署遗址出土
南越王博物院藏
尺寸：长24.7、宽1.7、厚0.1厘米
释文：诘庬地唐地唐守苑行之不谨鹿死腐

　　该木简文字大意为：两个名为"地"和"唐"
的宫苑守护者，失于职守以致"鹿死，腐"。

在赵佗及其继任者的经营下，岭南地区在农业、手工业、交通等方面都取得了显著进步：在农业上，先进的生产工具、农具得以推广，促进了粮食、瓜果的生产和饲养业、渔业的发展；在手工业上，吸收中原地区先进的金属冶铸、漆器制造、纺织等技术；在交通方面，打通岭南与中原、海外地区的交通脉络，使南越国都城番禺成为一大都会。这一系列举措促进了当地社会经济的发展、汉越民族的融合，翻开了岭南大规模开发的篇章。

铁器

> 铁器者，农夫之死生也。
>
> ——《盐铁论·禁耕篇》

南越国时期，铁器在岭南大量出现，其中以南越文王墓出土的数以百计的铁武器、成箱的小型铁工具，以及越式大铁鼎等最为典型。经对南越文王墓出土铁器进行鉴定表明，南越国已掌握了热锻加工和淬火处理技术。铁器的广泛使用，使"用力少而得作多，农夫乐事劝功"，从而使砍伐林莽、开垦荒地、兴修水利、深耕细作有了较大规模的发展，是促进农业生产及整个社会物质文明的一个重要物质条件。

越式铁鼎

西汉南越国时期（公元前 203 年～前 111 年）
广州南越文王墓出土
南越王博物院藏
尺寸：口径 30.7、腹径 47.5、高 48、足高 22.5 厘米

　　小口，直唇，身圆鼓如罐，圜底，三瘦
长蹄足。上腹对称附半环形耳，耳内衔圆环。
腹部有一道凸棱，两侧耳下至底有合范痕。
此鼎为岭南地区目前发现的最大的铸铁鼎，
采用泥范法用生铁铸造而成。

铁铠甲

西汉南越国时期（公元前 203 年～前 111 年）
广州南越文王墓出土
南越王博物院藏
尺寸：通长 49 厘米，重 9.7 千克

　　南越文王墓中出土 1 件铁铠甲。铠甲出土时卷作圆筒形，外表裹有草席。经中国社会科学院考古研究所技术室修整复原，这是一件无立领、无袖、无垂缘，形状近于坎肩的轻型铁甲；甲片均为四角抹圆的长方形，形状、大小相似，用熟铁加热锻打而成。甲片正面微凸起，周边经锉磨倒棱，基本按统一规格锻制。据测算，共有 709 片甲片，用丝带穿结成形。复原后的甲体，据测量模型，通高 58、胸围 102 厘米。

复原后的铁铠甲

铁铲

西汉南越国时期（公元前 203 年～前 111 年）
广州南越文王墓出土
南越王博物院藏
尺寸：（略大者）通长 16.6、柄长 4.6、上宽 7.5、刃宽 9.4、厚 0.25 厘米，
　　　（略短者）通长 15.6、柄长 5.5、上宽 7.4、刃宽 8.8、厚 0.3 厘米

　　南越文王墓西耳室内出土了不少铁工具，大多数盛装在一个铁质工具箱内。由于墓内空气潮湿，土壤含酸，因此铁器锈蚀严重，大部分已为氧化铁。经鉴定，这批铁工具采用了不同含碳量的钢料锻打而成，先锻出刃部，再锻打成器。与中原地区战国时期的铁器制作方法类似。

　　铲按照大小可以分为两种，大型铲用来翻土，属于整地农具；而小型铲才是用来中耕除草的工具。这件铁铲为锻制，双肩有柄，方銎，銎内有朽木，应属小型实用铲。

铁锸

西汉南越国时期（公元前 203 年～前 111 年）
广州南越文王墓出土
南越王博物院藏
尺寸：长 9.2、宽 11.2 厘米，连木叶残长 13.3 厘米

　　锸是汉代常见的铁农具之一，主要用来翻土和开沟。东汉学者刘熙所著的《释名》中记载："臿，插也。插地起土也。"在《汉书·沟洫志》中记载有民谣"举臿为云，决渠为雨"，可见其重要性。这件铁锸呈凹字形。刃口为圆弧状，两刃角向上微翘起。内侧有空槽。出土时，槽内残存木叶朽木，应为实用器。

铁斧

西汉南越国时期（公元前 203 年~前 111 年）
广州南越国宫署遗址出土
南越王博物院藏
尺寸：长 13.2、宽 3.2 厘米

　　锻制。正面为长方梯形，侧面为楔形。
顶部长方銎孔内有朽木。

铁凿

西汉南越国时期（公元前 203 年~前 111 年）
广州南越国宫署遗址出土
南越王博物院藏
尺寸：残长 15.5 厘米

138

铁钳

西汉南越国时期（公元前 203 年～前 111 年）
广州南越国宫署遗址出土
南越王博物院藏
尺寸：长 18.8 厘米

铁削

西汉南越国时期（公元前 203 年～前 111 年）
广州南越国宫署遗址出土
南越王博物院藏
尺寸：长 24 厘米

铜器

　　南越国青铜冶铸业的发展情况不甚明了，南越国高等级墓葬中出土的青铜器应有不少是通过贸易、战争、赏赐等方式从中原内地或其他地区输入的。《汉书·西南夷两粤朝鲜传》中记载赵佗上汉文帝书中，言及汉廷禁绝"外粤金铁田器"。这表明南越国所需的铜、铁等主要依靠中原供应，或者从中原输入原材料，在本地加工成器。

铜构件

西汉南越国时期（公元前 203 年～前 111 年）

广州南越国宫署遗址出土

南越王博物院藏

尺寸：残长 25.2 厘米，前部残长 13.6、外径 2.95 厘米，
　　　后部长 18.4、宽 2.7、厚 1.24 厘米

铁铤铜镞

西汉（公元前 206 年～公元 25 年）

广州南越国宫署遗址出土

南越王博物院藏

尺寸：镞本长 3.2、宽 1.3、高 1.1 厘米，关径 0.8 厘米，

　　　铁铤长 9.8、铤径 0.4 厘米

铜格铁铍

西汉南越国时期（公元前 203 年～前 111 年）

广州南越国宫署遗址出土

南越王博物院藏

尺寸：残长 26.4 厘米

　　　铍首为铁制，铍格铜铸。铍格饰错金卷云

纹和三角形纹。

日用陶器

　　陶器是南越人不可缺少的日常生活必需品，也是重要的随葬品。南越国的制陶业是岭南新石器时代几何印纹陶制陶工艺的继承和发展。陶器主要分日用陶器、砖瓦建筑材料两类。

陶鼎

西汉（公元前 206 年～公元 25 年）

广州南越国宫署遗址出土

南越王博物院藏

尺寸：口径 20.5、腹径 22、残高 16.4 厘米

陶鼎

西汉（公元前 206 年～公元 25 年）

广州南越国宫署遗址出土

南越王博物院藏

尺寸：口径 13.5、高 12 厘米

方格纹陶瓮

西汉（公元前 206 年～公元 25 年）

广州南越国宫署遗址出土

南越王博物院藏

尺寸：口径 21.6、腹径 34.2、底径 22.4、高 37.1 厘米

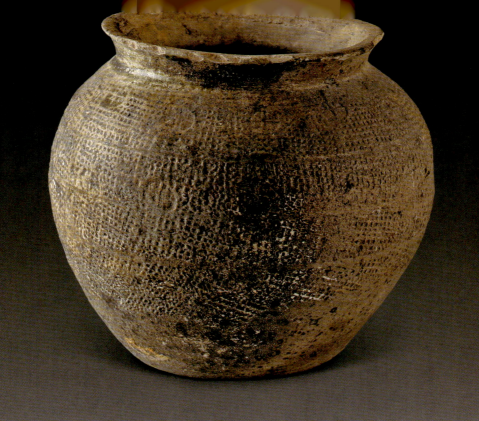

青釉方格纹陶罐

西汉南越国时期（公元前 203 年～前 111 年）

广州南越国宫署遗址出土

南越王博物院藏

尺寸：口径 12.4、腹径 17.6、底径 10.4、高 15.8 厘米

彩绘漆画铜镜

西汉南越国时期（公元前 203 年～前 111 年）
广州南越文王墓出土
南越王博物院藏
尺寸：直径 41、缘厚 0.5、纽长 2 厘米

　　三弦纽，无纽座，平缘。镜中以一圈凹面宽带纹分隔为两区，内区绘卷云纹，外区绘人物。外区人物可能分为四组，仅其中一组比较清晰，中央有两人跨步弓腰作斗剑表演；两侧各有站观者：左侧一组四人，一人在前引导，三人成群在后，均拢手而立；右侧三人成群，亦拢手站立。其他几组人像均不清晰，只隐约可辨出若干拱手而立的人物。绘画所用颜料，目前所见有白色、青绿色两种。铜器上施漆画是南越的一个特点。

纺织

> 男子耕农，种禾稻纻麻；女子桑蚕织绩。
>
> ——《汉书·地理志》

　　南越文王墓中随葬了大量丝织物，织物原料大多是蚕丝，少数是苎麻纤维。品种有平纹绢、方孔纱、斜纹绮、刺绣等。这些织物的原料、色泽、图案、工艺，有很大一部分与中原同时期织物十分相似，可能是通过贸易、赏赐等方式获得的。有些织物，如超细绢、黑油绢、云母硏光丝绢、绣纱等，目前尚未见于其他地区，可能是在当地加工制作的。

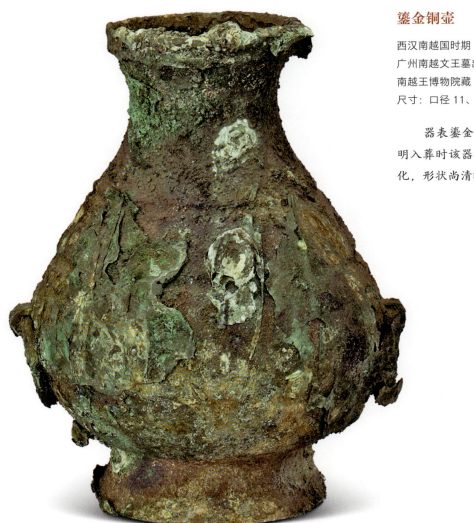

鎏金铜壶

西汉南越国时期（公元前 203 年～前 111 年）
广州南越文王墓出土
南越王博物院藏
尺寸：口径 11、腹径 20、圈足径 13.1、高 29 厘米

　　器表鎏金，并粘有包裹的丝绢残片，表明入葬时该器被丝织物包裹。壶内红枣已炭化，形状尚清晰可辨。

印花铜版模

西汉南越国时期（公元前 203 年～前 111 年）

广州南越文王墓出土

南越王博物院藏

尺寸：较大者长 5.7、宽 4.1 厘米，较小者长 3.4、
　　　最宽 1.8 厘米

　　两件印版是在丝织物上印染图案的工具。南越文王墓西耳室出土丝织品中亦发现了与印版图案相同的印花织物。根据对比分析，小的一件应为印花时的定位纹版，大的一件应为主面纹版。两器出土时均通体裹以丝绢，出于西耳室中部靠南墙根处。其西侧就是大量的丝织品。

陶纺轮

西汉（公元前 206 年～公元 25 年）

广州南越国宫署遗址出土

南越王博物院藏

尺寸：最大径 2.9、高 2、孔径 0.45 厘米

陶纺轮

西汉（公元前 206 年～公元 25 年）

广州南越国宫署遗址出土

南越王博物院藏

尺寸：最大径 3.2、孔径 0.4、高 2.6 厘米

南越宫词

南越王宫是南越王及百官处理政务、接待宾客、举行祭祀的政治场所，也是王室成员宴饮、娱乐、生活的地方。南越国宫署遗址、南越文王墓的发现及其中出土的文物，无不显示出汉代南越贵族生活的赫赫威仪。

一

治国理政，根在华夏

南越王宫是西汉南越国时期岭南体量最大、等级最高的建筑群，是历代南越王理政务、施法令的权力中心。南越国制度与汉王朝制度同出于秦，在郡县制、官制、经济、名物、法律等制度中的大多数内容，都能在已有的秦汉文献和考古发现中找到来源。散见于文献和封泥、木简、陶文上的职官信息显示，南越国效仿秦汉，建立起了一套自上而下、体系庞大的官僚制度，以应对王国各项事务。

职官制度

为了确保南越国宫廷生活有条不紊地进行，南越国仿效秦汉中央王朝设置了宫官体系，规定了明确的职能分工。

《史记》《汉书》所见南越国中央重臣

职官	职掌	任职者	文献来源
丞相	统辖国事	吕嘉	《史记·南越列传》
内史	主民政、掌治南越国首都	藩	《汉书·西南夷两粤朝鲜传》
中尉	负责王国都城安全事务	高	
御史	辅佐丞相处理国家大事、监察百官	平	
大傅	即太傅，帝王导师，不负行政责任		《史记·南越列传》

铜句鑃

西汉南越国时期（公元前 203 年～前 111 年）
广州南越文王墓出土
南越王博物院藏
尺寸："第一"句鑃最大，高 64 厘米，以下递减；
　　　"第八"句鑃最小，高 36.8 厘米

　　句鑃一套八件，出土于南越文王墓东耳室后壁。器形基本相同，器体硕重，胎壁较厚。其柄、身合体铸出。柄作扁方形实柱体，上粗下细，舞面平整呈橄榄状，器体上大下小，口部呈弧形。器身一面光素，另一面阴刻篆文："文帝九年乐府工造"，分两行平行排列，每件分刻"第一"至"第八"的编号。

　　句鑃，最早是一种手持的打击乐器，最早出土于吴越地区，因有铭刻"句鑃"而得名。这套句鑃有"文帝九年，乐府工造"字样，应是南越国乐府所铸，"文帝"指的是南越王赵眜，"文帝九年"为公元前 129 年。乐府是少府属下的乐舞管理机构，乐府令主要负责制作乐器、管理乐队及音乐事宜。

"泰子"龟纽金印

西汉南越国时期（公元前 203 年～前 111 年）
广州南越文王墓出土
南越王博物院藏
尺寸：印面长 2.6、宽 2.4 厘米，通高 1.5 厘米

  方形，龟纽，阴刻篆文"泰子"二字，有边栏和竖界，笔道较深，沟道两壁光平且直，沟槽底为呈波浪形起伏的刻凿痕，当属先铸后凿，印面光平如镜，铸造工艺尤为精致。印纽龟背上点线组成的鳞状纹是铸后刻出的。

  战国晚期，秦国已形成了使用界格的印式，统一后将界格印式推广全国。汉初诸侯国多采用无界格无边栏的印式，南越文王墓出土的这两枚"泰子"印章，体现了印式的变化。"泰子"即"太子"，秦朝统一后，通用"泰"字。南越文王墓出土的印章、封泥中常见"泰"字，表明南越国在文字方面保留了秦制。

"泰子"玉印

西汉南越国时期（公元前 203 年～前 111 年）
广州南越文王墓出土
南越王博物院藏
尺寸：印面边长 2.06 厘米，通高 1.25 厘米

  方形，覆斗纽较矮小，横穿一小孔，阴刻篆体"泰子"二字，与同出的"泰子"金印的印式、印文书体风格迥异。

"泰子"木简（简017）

西汉南越国时期（公元前203年～前111年）

广州南越国宫署遗址出土

南越王博物院藏

尺寸：长24.8、宽1.7、厚0.1厘米

释文：王所财（赐）泰子今案　齿十一岁高六尺一寸身园毋狠伤

　　"泰子"即"太子"。南越文王墓出土"泰子"金印和玉印各1枚。此"泰子"似指南越王赵佗之嗣子。此木简文字大意为，王赐给太子一只十一岁的牲畜，其高六尺一寸，身体完整，没有被野兽咬的伤痕。

"景巷令印"铜印

西汉南越国时期（公元前 203 年～前 111 年）

广州南越文王墓出土

南越王博物院藏

尺寸：印面边长 2.4 厘米，通高 1.8 厘米

　　这是一枚出土于墓葬前室殉人身上的官印，"景"通"永"。永巷是汉朝嫔妃、宫女居住的地方，也有监禁妃嫔宫女之用。永巷令通常以宦官充任，据《汉官仪》记载，其职掌宫婢侍使等帝后家事。徐州狮子山楚王墓出土有"楚永巷印"铜印。

戳印"常御一石"文字陶罐残片

西汉南越国时期（公元前 203 年～前 111 年）

广州南越国宫署遗址出土

南越王博物院藏

尺寸：残宽 9.5、残高 11、壁厚 0.8 厘米，
　　　印面长 2、宽 2.1 厘米

　　"常御"即"尚御"，应是汉少府属官尚方和御府的合称，是掌管王室服饰、车驾、用具、玩好的机构。

南越国宫署遗址出土的许多板瓦片上戳印有文字，如"右官""右""右梦""右衣""右匜""右富"和"左官卒史""左官侈忌""左官卒尹""左最"等。其中"右官"和"左官"是南越国负责烧造砖瓦的官署机构，有时简称为"右"和"左"。"卒"是供驱使服更役的更卒。"史""尹""最""吕""稽"等可能是工匠名。

拍印"右官"文字板瓦片

西汉南越国时期（公元前 203 年～前 111 年）

广州南越国宫署遗址出土

南越王博物院藏

尺寸：残长 13.5、残宽 15.5、残高 2.8 厘米

拍印"右官"文字筒瓦片

西汉南越国时期（公元前 203 年～前 111 年）
广州南越国宫署遗址出土
南越王博物院藏
尺寸：残长 11.8、宽 6.6、厚 1.5 厘米

拍印"右梦"文字板瓦片

西汉南越国时期（公元前 203 年～前 111 年）

广州南越国宫署遗址出土

南越王博物院藏

尺寸：残长 13.6、残宽 12.6、厚 1.2 厘米

戳印"右衣"文字板瓦片

西汉南越国时期（公元前 203 年～前 111 年）

广州南越国宫署遗址出土

南越王博物院藏

尺寸：残长 10.2、残宽 11.1、厚 1.3 厘米，印面边长 2.2 厘米

拍印"右匜"文字板瓦片

西汉南越国时期（公元前 203 年~前 111 年）
广州南越国宫署遗址出土
南越王博物院藏
尺寸：残长 17、残宽 20.6、厚 1.2 厘米

拍印"右富"文字板瓦片

西汉南越国时期（公元前 203 年～前 111 年）
广州南越国宫署遗址出土
南越王博物院藏
尺寸：残长 6.7、残宽 8.1、厚 1.3 厘米

戳印"左官卒史"文字板瓦片

西汉南越国时期（公元前 203 年～前 111 年）
广州南越国宫署遗址出土
南越王博物院藏
尺寸：残长 7.4、残宽 16.8、厚 1.3 厘米，
　　　印面长 2.4、宽 2.3 厘米

戳印"左官□□"文字菱形四叶三角纹砖

西汉南越国时期（公元前 203 年～前 111 年）

广州南越国宫署遗址出土

南越王博物院藏

尺寸：残长 38、残宽 25、厚 8.5、孔径 2 厘米，

印面长 2.4、宽 2.3 厘米

戳印"左官佟忌"文字板瓦片

西汉南越国时期（公元前 203 年～前 111 年）

广州南越国宫署遗址出土

南越王博物院藏

尺寸：残长 4.4、残宽 5.2、厚 1.2 厘米，
　　　印面长 2.3、宽 2.2 厘米

戳印"左官卒尹"文字板瓦片

西汉南越国时期（公元前 203 年～前 111 年）

广州南越国宫署遗址出土

南越王博物院藏

尺寸：残长 14.2、残宽 11.1、厚 1.2 厘米，
　　　印面长 2.55、宽 2.21 厘米

拍印"左最"文字板瓦片

西汉南越国时期（公元前 203 年～前 111 年）

广州南越国宫署遗址出土

南越王博物院藏

尺寸：残长 8、残宽 5.9、厚 1.5 厘米

拍印"左吕"文字板瓦片

西汉南越国时期（公元前 203 年～前 111 年）

广州南越国宫署遗址出土

南越王博物院藏

尺寸：残长 13.3、残宽 9.8、厚 1.5 厘米

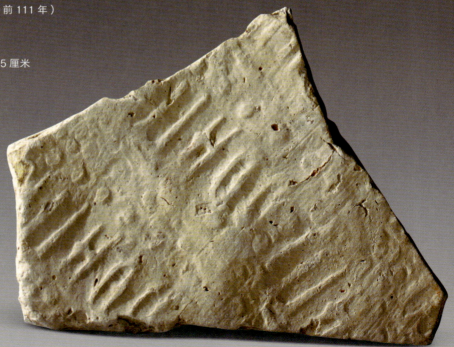

拍印"左稽"文字板瓦片

西汉南越国时期（公元前 203 年～前 111 年）

广州南越国宫署遗址出土

南越王博物院藏

尺寸：残长 29.5、宽 36.6、厚 1.4 厘米

拍印"左"字板瓦片

西汉南越国时期（公元前 203 年～前 111 年）

广州南越国宫署遗址出土

南越王博物院藏

尺寸：残长 17.5、残宽 13、厚 2.4 厘米

戳印"官乐"文字板瓦片

西汉南越国时期（公元前 203 年～前 111 年）
广州南越国宫署遗址出土
南越王博物院藏
尺寸：残长 3.5、残宽 6.5、厚 1.3 厘米，
　　　印面长 2、残宽 1.7 厘米

　　"官"应是"左官"或"右官"
的省称。"乐"为工匠名。

印"官官""官军"文字板瓦片

西汉南越国时期（公元前 203 年～前 111 年）
广州南越国宫署遗址出土
南越王博物院藏
尺寸：残长 13.2、残宽 17、厚 1.4 厘米，
　　　印面长 2.4、残宽 2.3 厘米

"官军"文字拓片

戳印"奴利"文字筒瓦片

西汉南越国时期（公元前 203 年～前 111 年）

广州南越国宫署遗址出土

南越王博物院藏

尺寸：残长 10.8、残宽 10.5、厚 1.1 厘米，
　　　印面边长 1.78 厘米

　　"奴"为奴隶的省称，是因罪没入
官府或被掠卖为奴的人。"利"是人名。

戳印"公"字素面砖

西汉南越国时期（公元前 203 年～前 111 年）

广州南越国宫署遗址出土

南越王博物院藏

尺寸：残长 13、残宽 11.6、厚 3.7 厘米，
　　　印面长 1.7、宽 0.9 厘米

拍印"赖"字板瓦片

西汉南越国时期（公元前 203 年～前 111 年）

广州南越国宫署遗址出土

南越王博物院藏

尺寸：残长 6.6、残宽 8.1、厚 0.8 厘米

戳印"长犁"文字陶罐残片

西汉南越国时期（公元前 203 年～前 111 年）

广州南越国宫署遗址出土

南越王博物院藏

尺寸：残宽 8.4、残高 7.3、壁厚 0.8 厘米，
　　　印面长 2、宽 1.87 厘米

拍印"师靡"文字板瓦片

西汉南越国时期（公元前 203 年～前 111 年）
广州南越国宫署遗址出土
南越王博物院藏
尺寸：残长 22.3、残宽 22.5、厚 1.3 厘米

拍印"良"字板瓦片

西汉南越国时期（公元前 203 年～前 111 年）
广州南越国宫署遗址出土
南越王博物院藏
尺寸：残长 9.6、残宽 12.1、厚 1.2 厘米

拍印方形几何纹筒瓦片

西汉南越国时期（公元前 203 年~前 111 年）

广州南越国宫署遗址出土

南越王博物院藏

尺寸：残长 7、残宽 7.8、厚 0.8 厘米

戳印"居室"文字筒瓦

西汉南越国时期（公元前 203 年～前 111 年）

广州南越国宫署遗址出土

南越王博物院藏

尺寸：残长 24、宽 15.5、高 8 厘米，印面边长 2.6 厘米

戳印"中共厨"文字陶器盖

西汉南越国时期（公元前 203 年～前 111 年）

广州南越国宫署遗址出土

南越王博物院藏

尺寸：印面宽 2.3 厘米

　　"中共厨"为"中府供厨"的省称，是南越国负责王室宗庙祭祀用品的机构。

宫苑管理

为确保宫廷生活有条不紊地进行，南越国仿效中原王朝设置了前朝、后宫制度和宫官体系，规定了明确的分工与等级。在南越王宫的记事档案——南越木简中，记录了有关宫室管理和宫廷生活等多个方面的内容。

税收缉盗

"野雄鸡"木简（简 073）

西汉南越国时期（公元前 203 年～前 111 年）

广州南越国宫署遗址出土

南越王博物院藏

尺寸：长 24.9、宽 1.7、厚 0.1 厘米

释文：野雄鸡七其六雌一雄以四月辛丑属中官租　纵

　　"野雄鸡"里的"雄"不代表性别，而为命名，"雄鸡"可能是交趾地区进贡的土特产。"中官租"意指由中官来征收租赋。这是专以实物供奉王宫的特殊租赋的真实记录。

"殿中"封泥

西汉南越国时期（公元前 203 年～前 111 年）

广州南越国宫署遗址出土

南越王博物院藏

尺寸：印面边长 2.2 厘米

　　"殿中"是秦汉常见的职官名称，为主管执法的官员。

"游卫特将"木简（简 081）

西汉南越国时期（公元前 203 年～前 111 年）
广州南越国宫署遗址出土
南越王博物院藏
尺寸：长 24.7、宽 2、厚 0.1 厘米
释文：趋弩令缇故游卫特将则卒廿六年七月属　五百赪引
　　未引□

　　趋弩令：南越国职官名，可能是掌管弩矢的职官。

　　缇、则：人名；

　　游卫（徼）特将：疑为巡察和缉捕寇盗，负责都城保卫的职官；

　　该木简文字的大意是：趋弩令名叫"缇"，之前是"游卫（徼）特将则"的"卒"，于"廿六年七月"改属"趋弩"，后为"令"。

"右夫人玺" 龟纽金印

西汉南越国时期（公元前 203 年～前 111 年）
广州南越文王墓出土
南越王博物院藏
尺寸：印面边长 2.15 厘米，通高 1.5 厘米

南越文王墓东侧室为四位夫人的葬所。目前认为四位夫人均为赵眜之妾，其中以右夫人为尊，印章和组玉佩的出土鲜明地展现了她们之间的等级差距。

"右夫人玺" 金印出土于东侧室中部偏北。铸制。印面方形，阴刻篆文 "右夫人玺" 四字，有边栏和十字界格。印文笔道略有深浅，刻凿痕迹明显，字体庄重，刻工精湛。龟纽，龟背稍隆起，刻鳞状纹，不甚规整。龟尾短略向左下垂。四足，前两足刻三爪，后两足刻四爪。腹下中空，可系绶。

"左夫人印" 龟纽鎏金铜印

西汉南越国时期（公元前 203 年～前 111 年）
广州南越文王墓出土
南越王博物院藏
尺寸：印面边长 2.4 厘米，通高 1.7 厘米

该印印面方形，阴刻篆文 "左夫人印" 四字，刻凿工整，有边框和十字界格。龟纽，龟头略伸出印台外；龟背平素无纹。四足，尾向左垂。腹下中空，可系绶。表面鎏金，保存良好。

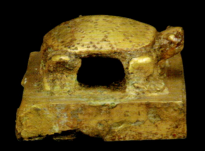

"泰夫人印"龟纽鎏金铜印

西汉南越国时期（公元前 203 年～前 111 年）

广州南越文王墓出土

南越王博物院藏

尺寸：印面边长 2.5 厘米，通高 1.7 厘米

　　该印出土于东侧室东南部，形制与"左夫人印"同。阴刻篆文"泰夫人印"四字。

"□夫人印"龟纽鎏金铜印

西汉南越国时期（公元前 203 年～前 111 年）

广州南越文王墓出土

南越王博物院藏

尺寸：印面边长 2.5 厘米，印台高 0.7、通高 1.8 厘米

　　该印出土于右夫人棺外东侧，压在早年塌落的顶盖石下面。形制与"左夫人印"同。阴刻篆文"□夫人印"四字，第一字已残泐，仔细观察，左旁似"邑"字，右旁似"音"字。锈蚀严重，部分已成粉末，鎏金亦多脱落。

"公主诞"木简（简091）

西汉南越国时期（公元前 203 年～前 111 年）
广州南越国宫署遗址出土
南越王博物院藏
尺寸：残长 22.9、宽 1.9、厚 0.1 厘米
释文：☐张成故公主诞舍人廿六年七月属　将常使☐☐☐
蕃禺人

"公主诞"简说明南越国曾有一位公主，名
"赵诞"。

"蕃禺少内"铭文铜鼎

西汉南越国时期（公元前 203 年～前 111 年）
广州南越文王墓出土
南越王博物院藏
尺寸：口径 18、腹径 21.5、足高 6、通高 21 厘米

　　鼎蹄足较矮胖，面有棱线。盖刻"蕃禺少内"；器腹近口沿处刻"蕃禺少内 容一斗大半"。"少内"是掌管掖庭财货的职官。

"中府啬夫"封泥

西汉南越国时期（公元前 203 年～前 111 年）
广州南越国宫署遗址出土
南越王博物院藏
尺寸：印文面残长 2.2、宽 2.3 厘米，厚 1.1 厘米

　　"中府"即中藏府，是执掌天子或诸侯财货的机构。
"啬夫"可分为两类，一类是乡啬夫等地方基层官吏，
另一类是专管某一事务的吏啬夫。这枚"中府啬夫"封
泥与一堆"半两"铜钱共出，应是负责掌管南越王宫财
货的职官所用。

"御府丞"简（简063）

西汉南越国时期（公元前203年～前111年）

广州南越国宫署遗址出土

南越王博物院藏

尺寸：残长22.2、宽1.6、厚0.1厘米

释文：☑□为御府丞骊妻诞即使大

　　秦汉宫廷中御府主掌天子衣服之事，从该木简看南越国也设有御府。

宴饮是南越宫廷日常生活和礼仪生活的重要组成部分。南越宫廷内设置了专门管理宫廷膳食的职官，并且配备专门的人员采用煮、蒸、烤、煎等多种烹饪方式制作美味佳肴。同时，南越人也在一定程度上掌握了不同食材的特性，深谙食药同源的知识，并将其运用到宫廷膳食之中。

食官

"泰官"封泥

西汉南越国时期（公元前203年~前111年）
广州南越国宫署遗址出土
南越王博物院藏
尺寸：印文面边长2.2厘米

"食官"木简（简079）

西汉南越国时期（公元前 203 年～前 111 年）

广州南越国宫署遗址出土

南越王博物院藏

尺寸：长 24.8、宽 1.8、厚 0.1 厘米

释文：愿食官脯侍以夜食时往愿脯其时名已先

食官是管理宫廷膳食的重要职官，《周礼》将食官统归于"天官"之列。汉代以后的"大官"或"太官"正源于天官，都是宫廷食官。

"泰官"木简（简099）

西汉南越国时期（公元前203年～前111年）
广州南越国宫署遗址出土
南越王博物院藏
尺寸：长24.9、宽2.1、厚0.15厘米
释文：丙午左北郎豕等下死灵泰官　出入

　　"泰官"同"太官""大官"。文献多作"太官"。
《通典》："太官署令丞，于周官为膳夫、庖人、
外饔，中士、下士盖其任也。秦为太官令丞，属少府，
两汉因之。"木简文字"泰官"与南越文王墓出土"泰
官"封泥写法一致。

"厨丞之印"封泥

西汉南越国时期（公元前 203 年~前 111 年）
广州南越文王墓出土
南越王博物院藏
尺寸：2.2 厘米 ×2.2 厘米

　　据《汉书·百官公卿表》，詹事属下有厨，厨有长丞。詹事的职责是"掌皇后太子家"，厨丞当是掌管皇后太子家饮食之事的官员。"厨丞之印"的出土，说明南越国也设有厨官署，置厨丞。

食之有味

秦汉时期，随着汉越交往日益频繁，中原先进文化的传入，加之岭南独特的地理环境和丰富的物产资源，南越逐渐形成了以五谷为主，蔬菜、瓜果、海鲜和禽类畜类等肉食为辅的饮食结构和独具特色的地方习俗。

水为源

广州城中地下水丰富，在南越国宫署遗址考古发现了 500 余口井，其中不乏南越国时期水井。"井"是乡民聚居的象征，进而发展成为人们交往及物品交换的场所，所谓"市井"。因此，"井"是岭南井文化普及、社会文化进步的象征。

南越王宫食水砖井

谷为养

　　秦汉时期，岭南地区考古出土的农作物有麻、稻、稷（粟）、黍、菽（大豆）、麦等，其中稻米是最主要的粮食。

"受禾种"木简（简 024）

西汉南越国时期（公元前 203 年～前 111 年）
广州南越国宫署遗址出土
南越王博物院藏
尺寸：残长 15.6、宽 1.9、厚 0.2 厘米
释文：江及官及受禾种居室☒

　　文献中有汉天子下诏给民贷种的记载。该木简所记，疑为从居室得到禾种。若是，南越国"居室"除了系囚、生产陶器等职能外，还负责一定的农业生产。

畜为益

在农业生产达到一定规模的基础上，南越国的家畜家禽饲养业亦有所发展，涵盖猪、牛、羊、鸡等种类。由于濒临海洋，虾、鱼、鳖、螺等水产品捕捞及相关的渔业经济在南越国的饮食及经济结构中占有很大比重。

南越文王墓和南越国宫署遗址出土大量的动物骨骼，有黄牛、家猪、家鸡、山羊、禾花雀、水鱼、花龟、黄鱼、广东鲂、虾、青蚶、龟足、笠藤壶、河蚬和鲤鱼等近 20 种。

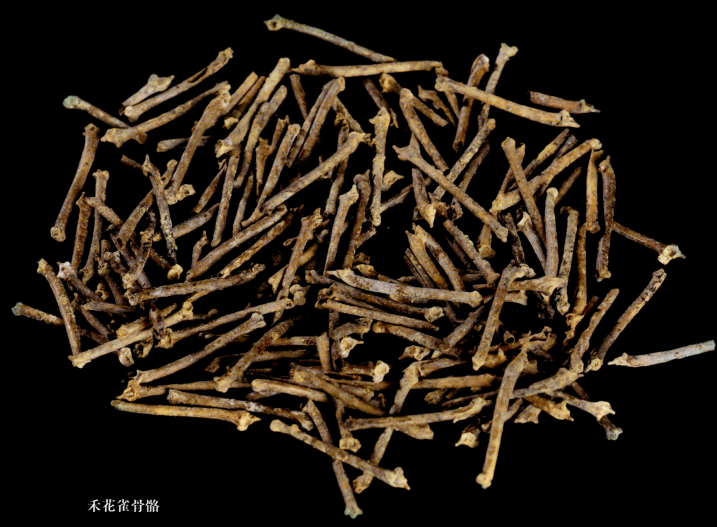

禾花雀骨骼

西汉南越国时期（公元前 203 年～前 111 年）

广州南越文王墓出土

南越王博物院藏

禾花雀，学名黄胸鹀，小型鸣禽。它是一种候鸟，每年 10 月至 11 月从西欧、东北迁徙而来，栖息在珠江三角洲有芦苇的地方，因啄食禾花（稻花）而得名。禾花雀肉厚脂多，美味可口，深受岭南地区人民的喜爱。南越文王墓出土的三个陶罐内发现大量禾花雀骨骼，其中可辨认的有肱骨、尺骨、股骨、胫骨、细骨和胸骨等。推测罐中原有两百多只禾花雀，而且这些禾花雀全是没头没爪的，没有完整的骨架，同时还混有炭粒，说明这些禾花雀是经过厨师加工处理后才被装入罐内的。

竹鼠骨

西汉南越国时期（公元前203年～前111年）
广州南越文王墓出土
南越王博物院藏

　　岭南越人尤嗜鼠肉，吃的主要是田鼠，因为田鼠吃的是粮食，相对干净，每年秋天稻田收割之际，也是灭田鼠之时，故多腊老鼠干。越人也习惯把小老鼠浸酒作药用，视之为跌打损伤的良药。竹鼠也是一道美味佳肴，竹鼠以竹子为主要食物，一只有五六斤重，烧烤起来，味道香甜、肉质软嫩、美味可口。南越文王墓东耳室铜提筒中发现有竹鼠残骸。

"兕颈皮"木简（简 118）

西汉南越国时期（公元前 203 年～前 111 年）

广州南越国宫署遗址出土

南越王博物院藏

尺寸：长 24.8、宽 1.9、厚 0.1 厘米

释文：適令穿兕颈皮置卷斗其皮史福有可（何）

　　"兕"指野牛或雌犀。刺杀野牛或雌犀，
取其皮待用。

"干鱼"木简（简092）

西汉南越国时期（公元前 203 年～前 111 年）
广州南越国宫署遗址出土
南越王博物院藏
尺寸：长 22.8、宽 1.5、厚 0.1 厘米
释文：干鱼三斤十二两　给处都卒义犬　食

水产遗骸

西汉南越国时期（公元前 203 年～前 111 年）
广州南越文王墓出土
南越王博物院藏

　　南越都城番禺位于东、西、北三江交汇处，南临大海，水产品尤其丰富。在南越木简中，就有"干鱼"的记载。此外，在南越文王墓和南越国宫署遗址还出土有大量的水生动物骨骼，如水鱼、花龟、黄鱼、广东鲂、虾、青蚶、龟足、笠藤壶、河蚬和鲤鱼等。

楔形斧蛤

大黄鱼椎骨

广东鲂大咽骨

中华鳖残块

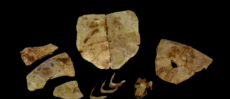

花龟残骨

青蚶

鱼脊椎骨

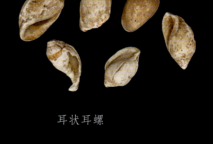

耳状耳螺

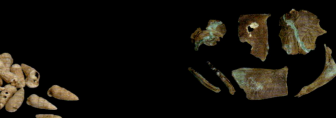

鲤鱼残骨

沟纹笋光螺

陶网坠

西汉（公元前 206 年～公元 25 年）

广州南越国宫署遗址出土

南越王博物院藏

尺寸：长 4.3～5.1、宽 3～3.8、厚 1.9～2.9 厘米

　　渔网是渔民从事渔业捕捞的重要生产工具，也是使用时间最久、捕鱼效率最高的一种捕鱼工具。网坠是渔网上的构件，系于渔网底部，使渔网快速下沉，以便批量捕捞鱼类。

①

②

"壶枣" 木简（简068、简069）

西汉南越国时期（公元前203年～前111年）

广州南越国宫署遗址出土

南越王博物院藏

尺寸：

① 残长25.1、宽1.9、厚0.1厘米

② 长25.1、宽2、厚0.1厘米

释文：

① 壶枣一木第九十四　实九百八十六枚

② 壶枣一木第百　实三百一十五枚

　　枣树是我国特有的果树。《诗经·七月》中说：八月剥枣，十月获稻。南越木简中记载的"壶枣"即大枣。除此之外，在南越文王墓出土的一件铜壶里也装满红枣。南越王不但将枣树进行编号，对果实进行计数，还命人将枣放在漂亮且贵重的铜壶中随葬，说明了对枣的珍视。

"高平甘枣"木简（简 090）

西汉南越国时期（公元前 203 年～前 111 年）

广州南越国宫署遗址出土

南越王博物院藏

尺寸：长 25.2、宽 2、厚 0.15 厘米

释文：高平甘枣一木第卅三　实☒百廿八枚

　　高平为地名，物以地名，其盛产的枣大而甜，称"高平甘枣"。

"杨楳"木简（简 156）

西汉南越国时期（公元前 203 年～前 111 年）

广州南越国宫署遗址出土

南越王博物院藏

尺寸：上段残长 6.7、宽 1.9、厚 0.1 厘米，

　　　下段残长 5.1、残宽 1.6、厚 0.1 厘米

释文：☐杨楳其☐☐如惠☐☐

　　"杨楳"即杨梅。

荔枝核

西汉南越国时期（公元前 203 年~前 111 年）
广州南越国宫署遗址出土
南越王博物院藏

　　荔枝原产于岭南和云南地区。《三辅黄图》"扶荔宫"条："汉武帝元鼎六年，破南越起扶荔宫。以植所得奇草异木：菖蒲百本，山姜十本……龙眼、荔枝、槟榔、橄榄、千岁子、甘橘皆百余本。"陕西韩城芝川镇南门外扶荔宫遗址出土的方砖上有"夏阳扶荔宫令辟，与天地无极"十二字篆文。夏阳为韩城古名，扶荔宫则为汉武帝避暑之行宫。南越荔枝等珍果移植长安，于此得到印证。

植物种子

西汉南越国时期（公元前 203 年~前 111 年）
广州南越国宫署遗址出土
南越王博物院藏

冬瓜子

甜瓜子

葫芦科种子

杜英种子

杨梅核

石竹科种子

省藤属种子

葡萄属种子

亦食亦药

　　《黄帝内经》中记载了"五谷为养，五果为助，五畜为益，五菜为充，气味合而服之，以补精益气"的膳食搭配。我国自古就有以食当药，以药当食的传统，食物一般都有一定的药理作用，但较为平和，不易为人注意，即"药食同源"，也是中国古代饮食文化的特色之一。中国秦汉时期的南越人已在日常饮食中深谙养生之道。

罗浮柿

西汉南越国时期（公元前 203 年～前 111 年）
广州南越国宫署遗址出土
南越王博物院藏

　　灌木，果实椭圆形，皮黄色，可入药，有消炎解毒、收敛止泻功效。

悬钩子

西汉南越国时期（公元前 203 年～前 111 年）
广州南越国宫署遗址出土
南越王博物院藏

　　别名莓子、覆盆子。果实多浆，味甘酸，可食用，药用补肝健胃。

烹饪有术

　　南越文王墓中出有鼎、鍪、甑、烤炉、煎炉等烹饪器具，可知煮、蒸、烤、煎已是岭南常见的烹饪方式。

铜煎炉

西汉南越国时期（公元前 203 年～前 111 年）
广州南越文王墓出土
南越王博物院藏
尺寸：高 10.5、间柱高 4 厘米，上层口长 19.5、
　　　宽 15.8 厘米，下层口长 17.6、宽 14.8 厘米

　　两炉盘之间由四根曲尺形片条相连，
与炉身一同铸出。底有烟炱。

铜釜甑、鍪和三足铁架

西汉南越国时期（公元前 203 年～前 111 年）
广州南越文王墓出土
南越王博物院藏

　　釜甑，下为釜，上为甑。釜相当于今天的锅，甑置于釜上，甑底有箅子，可利用釜中冒出来的蒸汽来蒸煮食物。铁三脚架上的铜鍪用来烧煮食物。出土时，在鍪里发现了青蚶、龟足和鸡骨等。

铜烤炉

西汉南越国时期（公元前 203 年～前 111 年）
广州南越文王墓出土
南越王博物院藏
尺寸：长 27.5、宽 27、炉高 11 厘米

　　"脍炙人口"中的"炙"即指烤肉。直接在火上炙烤食物的习俗由来已久。《礼记·礼运》有云："昔者先王……食草木之实，鸟兽之肉，……以炮以燔，以亨以炙。"秦汉时期的人更是无"炙"不欢。南越文王墓出土有三件烤炉，出土时炉上均配备多种供烤炙用的零件，有悬炉用的铁链，烤肉用的铁长叉、铁杆、铁钩。

陶三足盒

西汉南越国时期（公元前 203 年～前 111 年）
广州南越国宫署遗址出土
南越王博物院藏
尺寸：口径 17.2、腹径 20.8、底径 11.6、高 9 厘米

陶五联罐

西汉（公元前 206 年～公元 25 年）

广州南越国宫署遗址出土

南越王博物院藏

尺寸：通高 8.5 厘米

　　岭南地区发现的五联罐可能是盛
装梅、李等果品或调味品的容器。

三

宫廷档案，南越木简

南越国时期，中原的语言文字在岭南地区得到进一步推广。2004年底，在南越王宫的一口渗井中出土了百余枚南越木简。这些木简是南越宫廷的籍簿和文书，内容涉及王国管理和王宫生活的多个方面，堪称"岭南第一简"。此外，在南越王宫出土的陶器和砖瓦上还有不少戳印或拍印文字。这些岭南地区最早的文墨，是研究南越国历史的珍贵文字资料。

出土木简的渗水井

这口井（J264）中除了出土木简外，还出土有南越国时期的动物、植物遗存。

井中取简

　　南越木简的发掘以"木简整体提取，井体保持原状"为原则，在保持上层井圈稳固不动的前提下，在井的西侧挖一个超过井深的方形坑，把含木简的第六节井圈整体平移到方坑，再用大型吊车移至地面，达到了保井、保简的目的。

考古人员麦英豪、韩维龙、宋少华（前排由左至右）在清理木简

考古人员莫慧旋、谭文在提取第8层木简

南越国渗井内的木简揭取后，工作人员章昀在盘内
使用软刷仔细清洗木简表面的污垢

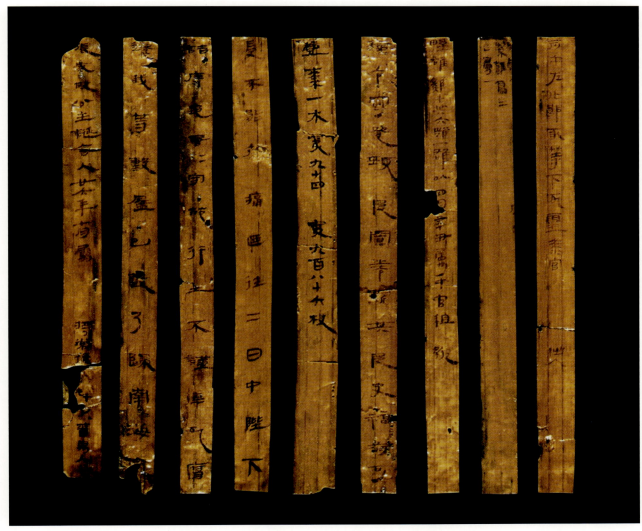

木简形制

南越木简在用材上沿袭秦律，其文字书写风格也与湖南、湖北同时期的考古发现相近，但其在规格和容字方面与秦汉简牍的差异，显示了南越木简自身的特色。

材质：目前发现的南越简牍均为木质，多数为杉木，少数属红锥木。秦对文书的书写材料有制度性规范：
其材质是木而非竹。南越简牍的材质与秦制一致。

修治：可能是用刀子沿径锯板面劈开，再切出小条备用。木简简短平齐，未见契口等痕迹。

规格：大多数长 24.6 ～ 25.3 厘米，宽 1.7 ～ 2.1 厘米，厚 0.1 厘米。较目前所见秦汉简为长且宽。与罗泊
湾一号汉墓所出木简尺寸比较，推测南越国存在依据用途不同而采用不同规格的用简制度：即记录
陪葬品的木简规格小，而宫中记事木简的规格大。

容字：从较为完整的南越木简上可见，其字数多少不等，最多为 24 字（81 号简），最少为 3 字（78 号简），
多数木简的字数在 12 ～ 18 字之间，12 字者占比最大。整体而言，南越木简上的字大而疏朗，较秦
汉简容字少。

编联：未发现编联痕迹，但从南越文王墓出土的封泥匣中尚存的封泥绳痕迹和竹签牌上"金滕一□□"内
容并结合阅读和管理需要分析，南越木简应当存在编联成册的情况。

书写：除 9 号简外均为单行书写。木简上文字的书写风格存在一定差异，但大多疏朗，隶意甚浓，个别
蕴含篆味。其整体与长沙马王堆汉墓简帛文字、湖北江陵张家山汉简文字的书写风格更为接近。

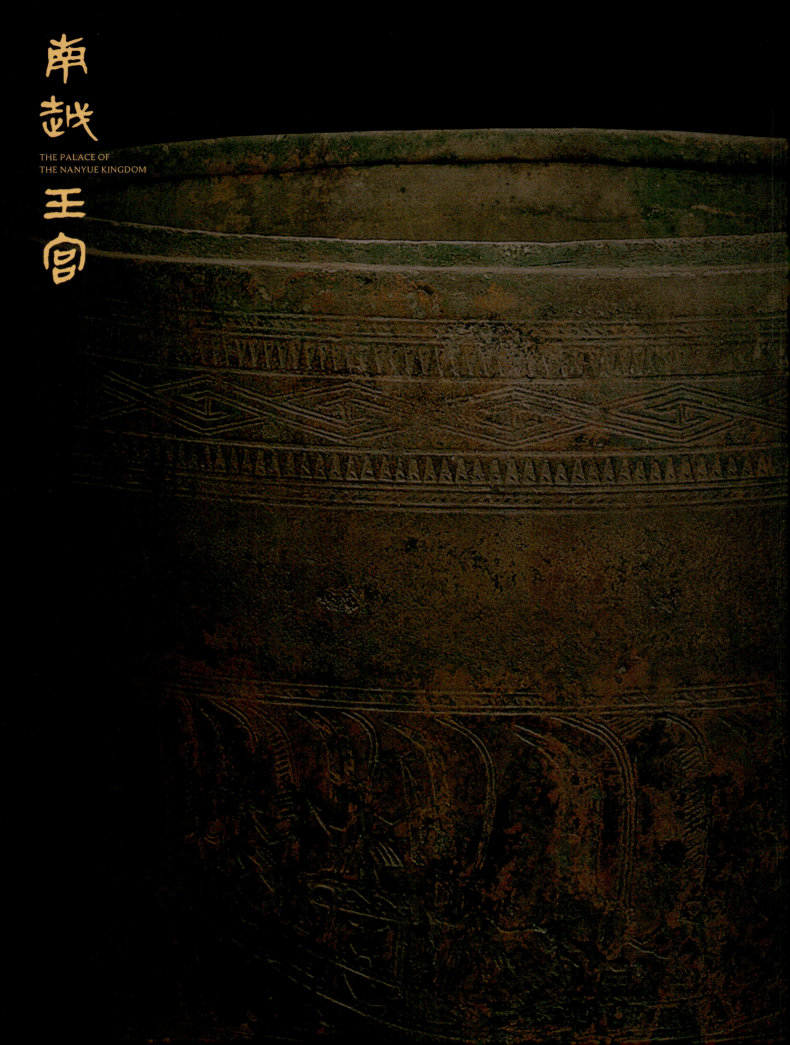

南越
王宫

THE PALACE OF
THE NANYUE KINGDOM

秦汉时期是中国历史上第一个大一统时期，也是岭南地区被正式纳入中央版图的开端。南越国都城番禺（今广州）位处中国的南大门，南接大海，北通中原。经过秦汉帝国四百余年的精心经营与大力开发，南越国在当地原生文化的基础上，接受中原及秦、楚、巴蜀、齐鲁、北方草原等多种文化因素，并通过海路与世界各地进行经济贸易、人员往来和文明交流，两千多年来未曾中断，成为海上丝绸之路东端的重要港口和商业都会，显示出兼收并蓄、勇于开拓、大胆革新、开放务实的突出特点。

公元前 214 年，秦统一岭南，设南海郡，治番禺（今广州），建番禺城，为广州发展成为中国华南沿海的政治、经济、文化中心奠定了基础。此时的番禺城是宝物的集散地，孕育着海外贸易的萌芽。文献记载，秦始皇经略岭南的经济动机之一即为获取岭南的犀角、象齿、翡翠、珠玑等物。

（秦始皇）又利越之犀角、象齿、翡翠、珠玑，乃使尉屠睢发卒五十万，为五军。

——《淮南子·人间训》

三十三年，发诸尝逋亡人、赘婿、贾人略取陆梁地，为桂林、象郡、南海，以适遣戍。

——《史记·秦始皇本纪》

南越国开创者赵佗是秦朝征服岭南地区的主要将领之一。除了南征的秦军将士外，秦朝还进行大规模移民岭南的活动，给岭南地区输入了秦文化的新鲜血液。南越文王墓中出土的铜兵器、蒜头壶等，都是秦文化对岭南文化影响的实物证明。

"张义"铜戈

西汉南越国时期（公元前 203 年～前 111 年）
广州南越文王墓出土
南越王博物院藏
尺寸：通长 22.3、援长 13.7、内长 8.6、胡长 12 厘米

  戈的两面有铭文，一面刻"锡"字，另一面刻"王四年相邦（张）义"等十九字。因"义"与"仪"相通，"张义"指的应是战国时期大名鼎鼎的外交家"张仪"；"王四年"应是指秦惠文王后元四年，即公元前 321 年。"相"作为官称本义是辅助，战国后期"相"逐渐变为百官之长，形成丞相制度，尊之则称"相邦"。"相邦"是辅佐君主治国的重臣和中央兵器铸造的最高督造者。整行铭文的大意是说，此戈在战国秦惠文王四年时由相邦张仪督造而成。这件"张仪"铜戈在南越文王墓出土，体现了秦与岭南的物质文化交流。

铜蒜头壶

西汉南越国时期（公元前 203 年～前 111 年）
广州南越文王墓出土
南越王博物院藏
尺寸：口径 3.2、底径 11、高 36.7 厘米

　　蒜头壶是秦文化的典型器物。作
为一种盛酒、盛水的器物，最早发现
于陕西凤翔高庄战国晚期秦墓，西汉
早期走向繁荣，西汉中期后衰落。随
着秦汉的统一，蒜头壶在秦汉时期流
布至河南、山东、湖南、湖北、四川、
广东、广西等地。

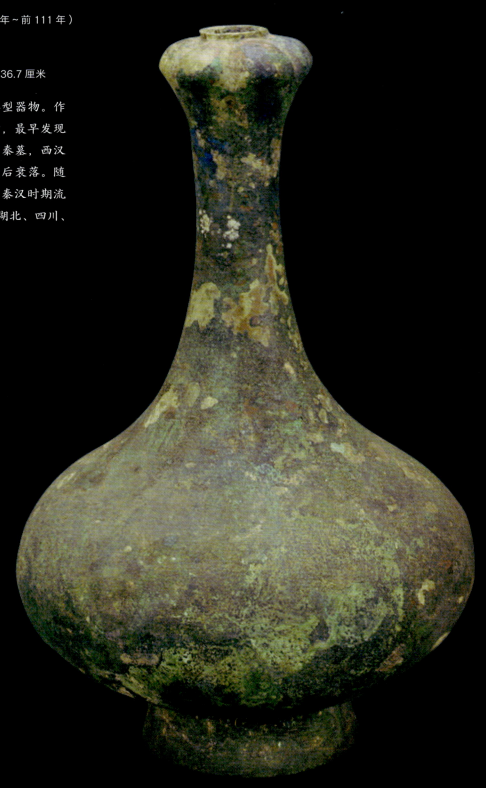

戳印"女市"文字陶片

秦代（公元前 221 年～前 207 年）
广州南越国宫署遗址出土
南越王博物院藏
尺寸：残长 10.1、宽 4.3、壁厚 0.8 厘米

　　"女"通"汝"，是汝阴县的简称。汝阴县，秦置，属陈郡，治所在今安徽省阜阳市。"市"为市府作坊的标记。此器由汝阴市府烧造，为秦军用器，是秦统一岭南的重要物证。

连筒云纹瓦当

秦代（公元前 221 年～前 207 年）
广州南越国宫署遗址出土
南越王博物院藏
尺寸：当径 14.6、厚 2 厘米，通长 17.3、
　　　当背筒瓦残长 15.6、厚 0.8 厘米

　　随着秦统一岭南，制瓦技术传入，在广东、广西、福建等地发现的秦汉建筑遗址中出土了大量包括瓦当在内的建筑材料。云纹是瓦当当面最常见的纹饰，反映了秦汉时期人们拥有相似的观念。

①

"半两"铜钱

秦代（公元前 221 年～前 207 年）

广州南越国宫署遗址出土

南越王博物院藏

尺寸：

① 钱径 3、穿宽 1、肉厚 0.08 厘米

② 钱径 2.8、穿宽 1.1、肉厚 0.08 厘米

③ 钱径 3.25、穿宽 0.95、肉厚 0.11 厘米

④ 钱径 3.07～3.2、穿宽 0.84、肉厚 0.08 厘米

②

　　"半两"铜钱最早于秦惠文王二年（公元前 336 年）开始发行。秦始皇在位最后一年（公元前 210 年）又发行一次。西汉初复行"半两"钱，直到元狩五年（公元前 118 年）罢"半两"钱而发行"五铢"钱，"半两"钱才退出历史舞台。

③

④

陶壶

秦代（公元前 221 年～前 207 年）
广州南越国宫署遗址出土
南越王博物院藏
尺寸：口径 13.4、高 23.4 厘米

　　泥质灰陶，表面施黑色陶衣，肩、腹部饰竖绳纹和横旋纹，底部有烟炱痕。此陶壶与安徽、湖北和湖南等战国楚地出土的陶壶一致，可能是入越秦军随身携带的水器。

陶釜

秦代（公元前 221 年～前 207 年）
广州南越国宫署遗址出土
南越王博物院藏
尺寸：口径 13.2、高 17.8 厘米

　　为加强对岭南的控制，秦始皇命南下的大批秦军将士"屯戍"在岭南，修筑通往岭南的"新道"，并多次迁徙中原人到岭南，与越人杂处，共同开发岭南。此陶釜与安徽、湖北和湖南等战国楚地出土的陶釜一致，应是入越秦军随身携带的炊器。

青釉三足陶盒

秦代（公元前 221 年 ~ 前 207 年）
广州南越国宫署遗址出土
南越王博物院藏
尺寸：口径 11.4、高 11.7 厘米

铁矛

秦代（公元前 221 年 ~ 前 207 年）

广州南越国宫署遗址出土

南越王博物院藏

尺寸：长 46 厘米

铜镞

秦代（公元前 221 年 ~ 前 207 年）
广州南越国宫署遗址出土
南越王博物院藏
尺寸：残长 3.3 ~ 3.6 厘米

铜矛

秦代（公元前 221 年 ~ 前 207 年）
广州南越国宫署遗址出土
南越王博物院藏
尺寸：长 16 厘米

225

南越国地处秦汉南疆，在立国93年的绝大多数时间里，政治上对汉称臣，经济上与中原友好往来。一方面，通过与中原关市贸易获取开发岭南所需的"金铁田器牛马羊"等生产物资；另一方面，南越国的玳瑁、珠玑、佳果等岭南特产也经水路、陆路等输入中原内地。

> 谨北面因使者献白璧一双，翠鸟千，犀角十，紫贝五百，桂蠹一器，生翠四十双，孔雀二双。
>
> ——《汉书·西南夷两粤朝鲜传》

汉越关系

汉高祖刘邦建立西汉王朝后，面对社会经济凋敝、国力空虚的局面，为缓和与南越国的矛盾，对南越国实施安抚怀柔政策，派遣陆贾出使，承认赵佗为"南越王"。汉文帝即位后对汉越关系非常重视，纠正了吕后时期实行的"别异蛮夷"政策，召陆贾再次出使，汉越重修旧好。

> 汉高祖：安抚怀柔
>
> 汉十一年，遣陆贾因立佗为南越王，与剖符通使，和集百越，毋为南边患害，与长沙接境。
>
> ——《史记·南越列传》

南越王博物院"赵佗受封"油画

陆贾，汉初楚国人，西汉思想家、政治家、外交家。有辩才，曾两次出使南越国，使赵佗接受汉王朝册封。常向高祖推荐诗书，劝谏高祖唯有文武并用才是长治久安之术。

长沙国与南越国

长沙国位于南越国的北边并与之接壤，大体相当于今湖南大部分及江西的部分地区，为汉初刘邦所封，第一代王为吴芮。长沙国的政令完全听从于汉廷，在政治、经济利益上均与汉廷一致，长沙国与南越国的关系，为南越国与西汉王朝关系的组成部分。

汉朝、长沙国、南越国重要事件表

时间	汉朝	长沙国	南越国	事件
前203年	高祖			赵佗建立南越国，定都番禺
前202年	高祖	文王吴芮		吴芮受封长沙王，名义上封地有长沙、豫章、南海、桂林、象郡，但岭南三郡实为赵佗掌握
前192年	惠帝	哀王吴回	武王赵佗	惠帝对南越国"时有所赐"，惠帝三年秋七月，赵佗"循故事入贡方物"
前183年	吕后	共王吴若		禁南越关市铁器，赵佗自尊号南越武帝，发兵攻长沙边邑，败数县而去
	文帝	靖王吴著		汉文帝派兵与长沙国共同戍守桂阳郡边境，以防赵佗
前157年	文帝	靖王吴著		以吴著无嗣，国除
前155年	景帝	定王刘发		封刘发为长沙王，即"刘氏长沙国"
前112年	武帝	戴王刘庸	赵建德	汉军分别从桂阳、豫章、零陵出发征伐南越，会师番禺
前111年	武帝			南越被平定

吕后：别异蛮夷

今高后听谗臣，别异蛮夷，隔绝器物，此必长沙王计也，欲倚中国，击灭南越而并王之，自为功也。

——《史记·南越列传》

吕后掌权，对南越国采取"别异蛮夷，隔绝器物"的政策，下令"毋予蛮夷外粤金铁田器；马、牛、羊即予，予牡，毋与牝"。并掘毁赵佗先人冢墓，于是赵佗"自尊号为南越武帝"，"乘黄屋左纛，称制，与中国侔"。

汉文帝：重修旧好

（赵佗）于是乃下令国中曰："吾闻两雄不俱立，两贤不并世。皇帝，贤天子也。自今以后，去帝制黄屋左纛。"

——《史记·南越列传》

汉文帝继续执行高祖时期对南越国的安抚怀柔政策，即位后对汉越关系非常重视，派人修治赵佗的先人冢墓、寻访赵佗亲属，又罢免了派驻长沙国以监视南越国动向的将军。召陆贾再次出使，并致书赵佗，言辞恳切地表达了"通使如故"的意愿。赵佗回信表示愿去帝号，南越国和西汉王朝重修旧好。

关市贸易

　　南越国遗址中出土的铜铁器、丝织品、漆器等应有不少是通过贸易、战争、赏赐等方式从中原内地或其他地区输入的。楚地是中原与南越贸易往来的前沿之地，通过五岭之间的交流孔道，楚地及中原地区的青铜器冶铸工艺、髹漆工艺、丝织工艺等传入岭南。

①　　　　②

③　　　　④

⑤　　　　⑥

⑦　　　　⑧

"半两"铜钱

西汉南越国时期（公元前 203 年～前 111 年）
广州南越国宫署遗址出土
南越王博物院藏

尺寸：

① 钱径 2.26、穿宽 0.87、肉厚 0.08 厘米
② 钱径 2.31、穿宽 1.04、肉厚 0.07 厘米
③ 钱径 2.5、穿宽 0.8、肉厚 0.1 厘米
④ 钱径 2.31、穿宽 0.78、肉厚 0.1 厘米
⑤ 钱径 2.4、穿宽 1、肉厚 0.1 厘米
⑥ 钱径 2.4、穿宽 0.9、肉厚 0.14 厘米
⑦ 钱径 2.3、穿宽 0.9、肉厚 0.12 厘米
⑧ 钱径 2.4、穿宽 0.7、肉厚 0.14 厘米

铁质门枢轴

西汉南越国时期（公元前 203 年～前 111 年）

广州南越国宫署遗址出土

南越王博物院藏

尺寸：通高 14.4 厘米

八角形木辘轳内铁轴

西汉南越国时期（公元前 203 年～前 111 年）

广州南越国宫署遗址出土

南越王博物院藏

尺寸：内径 6 厘米

双耳提梁铁罐

西汉南越国时期（公元前 203 年～前 111 年）

广州南越国宫署遗址出土

南越王博物院藏

尺寸：口径 16.8、腹径 23、底径 12.5、高 25 厘米

楚式铜鼎

西汉南越国时期（公元前 203 年～前 111 年）
广州南越文王墓出土
南越王博物院藏
尺寸：口径 31.5、腹径 35、腹深 17.5、高 42 厘米

　　器形高大。敛口，深圆腹，圜底，长方形附耳，高蹄足。缺盖。腹上部有一圈凸棱。蹄足上部为高浮雕羊首形，衬以卷云地纹。蹄足为十三棱柱体。器表有丝绢、竹笋残片，应为入葬时的包裹物。在全墓出土的铜、铁、陶鼎中，这是唯一的楚式铜鼎。

错金铭文铜虎节

西汉南越国时期（公元前 203 年～前 111 年）
广州南越文王墓出土
南越王博物院藏
尺寸：长 19、最高 11.6、最厚 1.2 厘米

　　全器铸成一只呈蹲踞状的老虎，口大张，露齿，弓腰，尾上卷成"8"字形，姿态生动威猛。前、后足下均有浅槽。虽然为一扁平铜板，但头足各转折位置及脸部皱纹等均用粗线条勾勒，层次清楚。虎的毛斑铸出弯叶形浅凹槽，贴以金箔片，斑斓有序，立体感强。虎节正面有错金铭文："王命＝车驲"。"车驲"指车传，由此可推断这件虎节是用以征调车马的信符。

　　目前出土的节多在楚地，如 1957 年安徽寿县发现的"鄂君启节"，1946 年在长沙发现的铜龙节。中国国家博物馆收藏的"王命传遽"铜虎节[①]，相传出土于安徽寿县——楚国最后的政治中心，其正面刻"王命传遽"四字，"传""遽"在文献中均指"传车"。意为：王命令各驿站，凡有人持此节过站，可借予车马及饮食。此外，唐兰先生曾记载有"王命命传赁"铜虎节，与长沙出土的龙节铭文相同，而造型却与南越文王墓的虎节极为相近。由此可以推断，南越文王墓的虎节应是楚器。

① 闫志：《中国国家博物馆藏"王命传遽"虎节考》，《中国国家博物馆馆刊》2012 年第 4 期。

滑石炉

西汉南越国时期（公元前 203 年～前 111 年）
广州南越文王墓出土
南越王博物院藏
尺寸：长 23、宽 14.3、高 4.7 厘米

　　长方形，直壁，平底。素面。炉盘内有一曲尺形格梁。底四角有四个覆斗形短足。底与盘外壁均有烟炱痕。出土时置于铜煎炉下。

　　汉代滑石器主要发现于湖南和两广地区，尤以湖南地区为多。这一地区的滑石器可分为仿铜礼器、模型明器、仿玉用品等类别。此类器物主要用于随葬，即作为丧葬明器使用。《名医别录》记载："滑石色正白……人多以作冢中明器物。"从滑石器产生和发展的年代序列来看，湖南的滑石器早在战国中期就已出现，西汉初期开始繁荣，而其周边地区最早是在西汉初期才始见滑石器，而且数量、种类要比湖南少得多，因此，其余地区用滑石器随葬的习俗应是在湖南地区的影响下产生的。

滑石猪

西汉南越国时期（公元前 203 年～前 111 年）
广州南越文王墓出土
南越王博物院藏
尺寸：长 12.5、宽 4.5、高 4.6 厘米

　　圆雕，猪四蹄蜷伏，两耳斜上竖起。线刻双目，猪嘴上刻出三道横线以示皱纹，吻部刻出两个小圆鼻孔。前蹄用浅浮雕、线雕刻出后屈之蹄足；后蹄向前伸。全器造型简练古朴，刻工严谨。

三

岭南都会，融通东西

南越国在东、西方分别与闽越国、西南夷毗邻。对周边的百越族群，南越统治者通过军事、赠送财物等方式使闽越、西瓯、骆越等百越之地隶属之。同时，与西南夷地区保持经济贸易往来。政治上的一体化和经济上的交往推动了这一地区文化的交流，促进了秦汉南疆的共同开发。

 ## 和集百越

"自交趾至会稽七八千里，百越杂处，各有种姓。"西瓯、骆越位于南越国西部、西南部等地，闽越位于南越国东部。赵佗在位时，用财物贿赂周边越人族群，使之"役属"南越。

> 瓯骆相攻，南越动摇。
>
> ——《史记·南越列传》

闽越国与南越国

因佐汉有功，汉高祖时，无诸被封为闽越王，领有秦时闽中郡地（约今福建省）。吕后时期，赵佗对长沙国的军事行动，使南越国声威大震，赵佗趁机对闽越等国施以财物。慑于南越兵威，闽越不得不"役属"南越。南越文王赵眜在位时，闽越发兵进攻，赵眜借助汉廷力量进行还击。闽越国为之震慑，闽越王郢的弟弟余善杀郢投降。

印纹硬陶

古越族群虽种类繁多，但几乎都使用几何形印纹陶。广州地区南越国时期的陶器除了鼎、盒、壶、钫为一组的中原文化的器形之外，其余大多是具有浓厚地域色彩的印纹陶，纹饰方面则以刻划纹、几何印纹为特点，与岭南先秦时期的印纹陶有着一脉相承的关系。

方格纹陶瓮

西汉南越国时期（公元前 203 年～前 111 年）

广州南越国宫署遗址出土

南越王博物院藏

尺寸：口径 20.6、腹径 29.4、底径 16、高 33.6 厘米

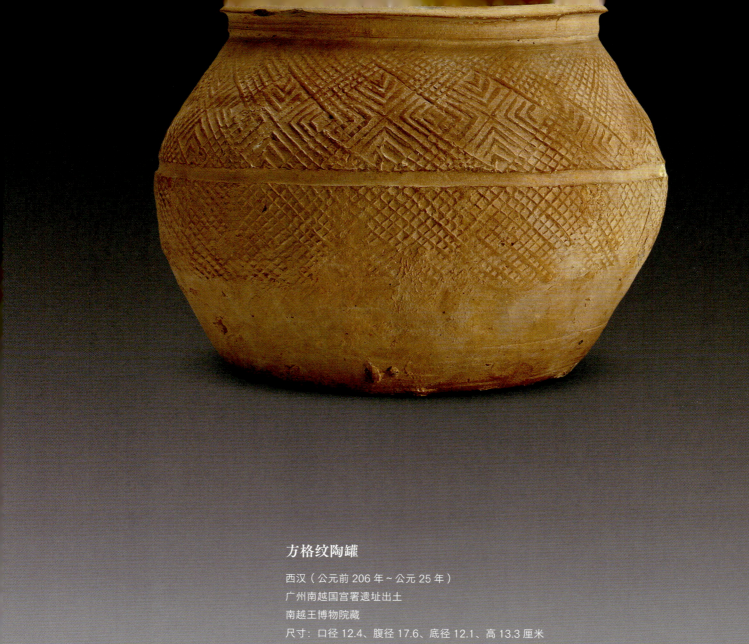

方格纹陶罐

西汉（公元前 206 年~公元 25 年）

广州南越国宫署遗址出土

南越王博物院藏

尺寸：口径 12.4、腹径 17.6、底径 12.1、高 13.3 厘米

陶釜

西汉（公元前 206 年～公元 25 年）
广州南越国宫署遗址出土
南越王博物院藏
尺寸：口径 24.3、腹径 31.6、高 18 厘米

越式青铜器

　　广州南越国时期的墓葬中出土有不少越式青铜器，较具代表性的是越式鼎。越式鼎具有古代越族独特风格，主要在越族聚居区由越人铸造和使用，出现于西周时期。战国晚期以后，岭南地区成为越式鼎的主要分布区。这一地区越式鼎的主要特点是器身无纹，器足外撇。

越式铜鼎

西汉南越国时期（公元前 203 年～前 111 年）

广州南越文王墓出土

南越王博物院藏

尺寸：外口径 52、内口径 44.7、腹径 46.8、底径 37.2、
　　　高 54.5、足高 24 厘米

越式铜鼎

西汉南越国时期（公元前 203 年~前 111 年）

广州南越文王墓出土

南越王博物院藏

尺寸：口径 22、腹径 28.7、底径 21.2、高 34.3、足高 13.5 厘米

铜提筒

提筒是岭南及西南地区的特色器物，有铜、陶两种材质，主要流行于战国中期至西汉晚期，大致分布于中国两广地区、云南和越南北部。其中铜提筒在滇文化中作为贮贝器；在南越文化核心区域作为盛储器或财富的象征；在越南东山文化中作为藏酒器或葬具。

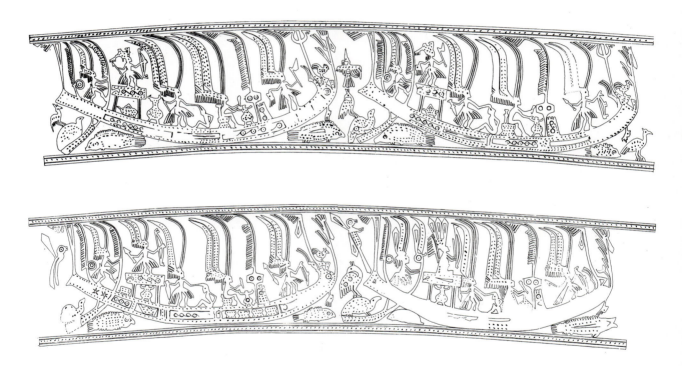

船纹铜提筒筒身纹饰线图

船纹铜提筒

西汉南越国时期（公元前 203 年～前 111 年）

广州南越文王墓出土

南越王博物院藏

尺寸：口径 35.5、高 40.7 厘米

筒身共装饰四组纹饰带，其中口沿、器足处共装饰三组几何形纹饰带。腹部为主纹饰，由四条首尾相连的船纹组成。类似纹饰在中国两广地区、云南和越南等地的铜鼓、铜提筒上均有发现，或是一种模式化的表现方式，体现了这些地区之间存在着广泛而深入的交流。

铜提筒

西汉南越国时期（公元前 203 年～前 111 年）
广州南越文王墓出土
南越王博物院藏
尺寸：口径 43、足径 39.5、高 49、圈足高 2.2 厘米

陶提筒

西汉南越国时期（公元前 203 年 ~ 前 111 年）
广州南越文王墓出土
南越王博物院藏
尺寸：口径 21.5、底径 19.52、高 24.3 厘米

　　广口，直身，平底。无盖。口沿以下附两个双圆筒形贯耳，器体中部饰弦纹、水波纹。器内有黑色炭化物。内壁有明显的泥条盘筑痕。

　　陶提筒是两汉时期中国岭南地区和越南等地流行的具有地方特色的器物，主要出土于中上阶层人士的墓葬之中。在功能上，可能作酒器，也可能是盛储器。西汉早期的陶提筒在外形上明显模仿铜提筒的造型和纹饰，在制作工艺上则延续了几何印纹硬陶的制作技艺。铜提筒一般被认为是通过贸易交换或进献的方式从越南得来，其在南越文化核心区域扮演着容器和财富象征的角色。而模仿自铜提筒的陶提筒在延续铜提筒财富象征功能的同时，也体现了本地化的倾向。

陶提筒

西汉南越国时期（公元前 203 年~前 111 年）

广州南越国宫署遗址出土

南越王博物院藏

尺寸：口径 22.6、底径 22、高 21.1 厘米

陶提筒

西汉南越国时期（公元前 203 年~前 111 年）
广州南越国宫署遗址出土
南越王博物院藏
尺寸：口径 14、腹径 16.7、底径 15.1、高 14.2 厘米

宝货西来

汉代西南夷主要分布在巴郡、蜀郡的西北、西、南方向的广大地区。这一地区地形、气候复杂多样，为稻作农业、旱地种植及畜牧经济等多种生产活动的并存提供了承载空间。西南夷中以滇、夜郎等为大。其中夜郎地区很早就是沟通巴蜀与南越的贸易通道。蜀地的枸酱、僰僮、笮马、临邛铁器等便是通过这条通道输入岭南的。

铜鍪

西汉南越国时期（公元前 203 年～前 111 年）
广州南越文王墓出土
南越王博物院藏
尺寸：口径 12、腹径 16.5、高 13.5 厘米

鍪是巴蜀青铜器中颇具特色的容器，流行于战国早期至东汉晚期，其传播范围很广，除四川外，在山西、河南、湖北、广东等地均有出土。南越文王墓出土的鍪反映出巴蜀文化对岭南地区的影响。

铜鍪

西汉南越国时期（公元前 203 年～前 111 年）
广州南越文王墓出土
南越王博物院藏
尺寸：口径 21.8、腹径 30.4、高 22.5 厘米

　　铜鍪腹部附有两个对称的竖环耳，
一大一小，器表有丝织物包裹痕迹，出
土时内盛青蚶、龟足。

海路开辟

秦汉时期的番禺城，凭借优越的地理区位、不断发展的造船和航海技术，与东南亚、南亚各国往来频繁，成为重要的贸易港口和商品集散中心。

南越国曾辐射今天中国广东、广西大部和越南北部地区。这一区域地处亚洲、太平洋海上交通要冲地，具有优越的地理区位与自然条件，是中国通往东南亚、大洋洲、中近东和非洲等地的最近出海口，两千年前即处于中国对外贸易、海上交通的前沿之地。

南越国宫署遗址为海上丝绸之路肇始时期，中国在中央与地方政府的积极倡导下，逐渐融入海上丝绸之路跨板块体系的历史提供了独特见证。

> （粤地）处近海，多犀、象、毒冒、珠玑、银、铜、果、布之凑，中国往商贾者多取富焉。
>
> ——《汉书·地理志》

"广于故船"木简（简 021-2）

西汉南越国时期（公元前 203 年～前 111 年）
广州南越国宫署遗址出土
南越王博物院藏
尺寸：残长 16.2、宽 1.55、厚 0.2 厘米
释文：广于故船四分

南越木简出现"船"字，或许也保留了有关当时南越船队海上活动的片段记忆。此外，南越木简中还出现了"归南海"的文字。其中"南海"可能指南海郡，也可能指后来通称"南海"的辽阔海域。《汉书·地理志》记述了南洋航道的航线。这正是南越国在"南海"方向比较活跃且形成重要文化影响的时代。

金花泡

西汉南越国时期（公元前 203 年～前 111 年）

广州南越文王墓出土

南越王博物院藏

尺寸：直径 1.1、高 0.5 厘米

　　南越文王墓墓主胸部共发现32枚焊珠金花泡。泡面用金丝焊接成圆形、心形、辫索形等多种立体图案，这是我国发现的较早的"焊珠"工艺的黄金制品。"焊珠"是将黄金或铜制成小圆颗粒，焊接于金器表面作为装饰。此工艺起源于西亚，最早见于伊拉克乌尔皇室墓（公元前2560～前2400年），后被古埃及、希腊所掌握，公元前4世纪亚历山大东征后传入印度、巴基斯坦等地。南越文王墓出土的金花泡饰可能与西亚以及地中海地区有关。

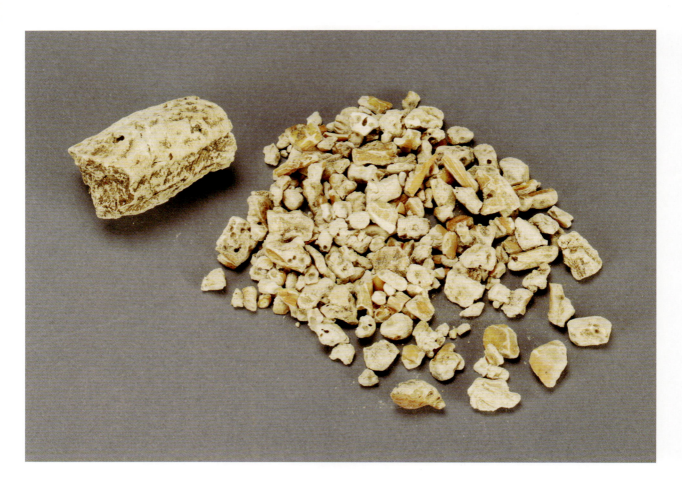

乳香

西汉南越国时期（公元前 203 年～前 111 年）
广州南越文王墓出土
南越王博物院藏

　　乳香出土于南越文王墓西耳室，装盛在一漆盒里，经测定为树脂类。考古工作者曾把出土样品和现代乳香及松香这两种树脂类的样品，一起送往广州分析测试中心，在同一条件下作红外光谱分析对比，发现出土的乳香与松香截然不同，与现代乳香亦稍异。这可能因瘗埋墓中两千年，出土乳香中的一些成分已经分解了。

四连体铜熏炉

西汉南越国时期（公元前 203 年~前 111 年）

广州南越文王墓出土

南越王博物院藏

尺寸：炉通高 16.4、炉体高 11.2 厘米，座足上宽 6.7、底宽 9 厘米

　　南方湿热，多生蚊虫，以熏香避秽。随着南海海上贸易的发展，产自东南亚的进口香料大量通过南海输入我国，广州汉墓出土的大量熏炉映射出汉代熏香的风俗。这件熏炉炉体由四个方口圜底小盒组成，平面呈"田"字形，各小盒互不连通，可以燃烧四种不同的香料。盖顶及炉体上部的气孔均作菱形镂空。

银盒

西汉南越国时期（公元前 203 年～前 111 年）

广州南越文王墓出土

南越王博物院藏

尺寸：盖径 14.3、口径 13、腹径 14.8、圈足径 6.9 厘米，通高 12.1、
　　　圈足高 1.8 厘米

　　裂瓣纹起源甚早，传播甚广。它不仅流行于埃及、两河
流域、小亚细亚半岛、伊朗高原和南亚次大陆，也流行于希腊、
罗马，是西方艺术的典型纹饰。南越文王墓出土的银盒盒身用
银片锤鍱而成，器盖上加三铜纽，器下加铜圈足，整体造型类
似盖豆，是岭南与西亚地区进行物质交流的见证。

八棱形石柱

西汉南越国时期（公元前 203 年～前 111 年）
广州南越国宫署遗址出土
南越王博物院藏
尺寸：残高 37.4、柱身径 10 ～ 10.4 厘米

　　南越国宫苑的人工水景以石料为主要材质，石池壁和曲流石渠底部的铺石采用不规则砂岩石板拼砌，呈现如同瓷器"开片"的纹理，这样的砌法在西方出现更早；石池中竖立有方形叠石柱，做法在古代地中海沿岸地区和两河流域多见；八棱形石柱则见于巽伽王朝时期的印度。这些都是南越宫苑外来建筑意象的表现。

八棱形石柱

西汉南越国时期（公元前 203 年～前 111 年）

广州南越国宫署遗址出土

南越王博物院藏

尺寸：残高 45.7 厘米，方座边长 14 厘米

八棱形石柱

西汉南越国时期（公元前 203 年～前 111 年）

广州南越国宫署遗址出土

南越王博物院藏

尺寸：残高 28.9、柱体径 9.8 ~ 10.4 厘米

青釉带钉板瓦

西汉南越国时期（公元前 203 年～前 111 年）
广州南越国宫署遗址出土
南越王博物院藏
尺寸：残长 12.3、残宽 12.5、厚 1 厘米

　　南越国部分建筑材料砖、瓦表面施釉。经检测，这些带釉砖、瓦的钠钾含量较高，是西汉时期首次发现的碱釉。其成分与当时我国常见的釉不同，可能是海上丝绸之路技术交流的结果。

青釉"万岁"文字瓦当

西汉南越国时期（公元前 203 年～前 111 年）
广州南越国宫署遗址出土
南越王博物院藏
尺寸：残长 9.5、残宽 7.5 厘米

　　当面残存"万"字上半部，反文，左向右读。外绕两周弦纹。瓦面施青釉，釉层薄。

青釉筒瓦

西汉南越国时期（公元前 203 年~前 111 年）

广州南越国宫署遗址出土

南越王博物院藏

尺寸：残长 34、筒径 16.5、厚 1 厘米公元前 111 年，汉武帝平定南越国，之后将其地分为南海、合浦、苍梧、郁林、交趾、九真、日南、儋耳和珠崖九郡，岭南重归中央王朝管辖，与其他地区共同构成了汉王朝大一统底色下的多彩文明。

此后，汉武帝派遣使者携带翻译，带领船队出使东南亚和南亚诸国。大规模的官办商船出海，从事官方对外贸易，标志着南海海上丝绸之路的初步形成。

汉平南越

在匈奴大败，颁行"推恩令"削弱诸侯王势力后，汉武帝消除了后顾之忧，于元鼎六年（公元前 111 年）平南越，在岭南设立九郡，自此中央王朝的政令可直接贯彻到岭南郡县。

元鼎六年冬，楼船将军将精卒先陷寻陕，破石门，得越船粟。因推而前，挫越锋，以数万人待伏波。伏波将军将罪人，道远，会期后，与楼船会乃有千余人，遂俱进。楼船居前，至番禺。建德、嘉皆城守。楼船自择便处，居东南面；伏波居西北面。会暮，楼船攻败越人，纵火烧城。……犁旦，城中皆降伏波。吕嘉、建德已夜与其属数百人亡入海，以船西去。

——《史记·南越列传》

南越国宫署遗址一号廊道烧土现场

汉军分五路攻南越，楼船、伏波将军指挥大军围攻番禺城，击败南越军后，纵火烧城，南越王宫被毁。

烧焦的木辘轳

西汉南越国时期（公元前 203 年～前 111 年）
广州南越国宫署遗址出土
南越王博物院藏
尺寸：长 15.4、外径 14.8、内径 6.8 厘米

空心铜俑

西汉南越国时期（公元前 203 年～前 111 年）
广州南越国宫署遗址出土
南越王博物院藏
尺寸：残宽 8.84、厚 4.24、残高 12.5 厘米

　　男裸俑，面部五官清晰，双臂高举，右手
前臂切断，左手和头部均残。通体火烧痕迹明显。

内陆畅通

秦汉以前，绵亘数千里的五岭一直都是岭南岭北交通的天然阻碍。秦定岭南、南越国统治时期、汉武帝平南越时，为了军事上的需要，在原有过岭山路的基础上加以扩筑，开辟或整治了一些交通线。南越国灭亡之后，为了加强对岭南的控制，汉廷不断加强五岭南北交通要道的经营，沿交通道密集地设县，并增开新道。岭南和中原地区的经济文化交流愈发密切。东汉时又多次修筑南岭交通，时桂阳郡太守卫飒"凿山通道五百余里，列亭传，置邮驿"。这些水陆交通的开辟，加强了岭南地区和中原地区的联系，为南北物资的交流创造了条件，为中华民族多元一体格局的形成发挥了重要作用。

> 番禺亦其一都会也，珠玑、犀、瑇瑁、果、布之凑。
>
> ——《史记·货殖列传》

《史记·货殖列传》记载的经济城市有 20 余处，其中明确称为"都会"的有邯郸、燕（今北京）、临淄、陶（今定陶）、睢阳（今商丘）、吴（今苏州）、寿春、番禺（今广州）和宛（今南阳）等 9 处。而番禺是 9 座城市中唯一的海外贸易商品集散地。

习俗相类

使用建筑明器陪葬，是汉文化推进的结果。西汉中期，广州汉墓中开始出现完整的屋、仓、井、灶组合。于广州地区而言，自西汉中期开始，较大规模的墓很少出现，随葬器物也不如西汉早期的丰富。随葬品中硬陶占绝对多数，釉陶增多，纹饰趋向简朴。鼎、盒、壶、钫等礼制器物显著减少，具有浓厚地方特色的器物，如瓿、三足罐、三足盒等几乎绝迹，代之而起的是屋、仓、囷、井、灶等模型明器。至此，这一地区的文化面貌与中原等地基本一致了。

陶蒺藜

东汉（公元 25 年~220 年）
广州南越国宫署遗址出土
南越王博物院藏
尺寸：长 7~7.6 厘米

陶屋模型

东汉（公元 25 年～ 220 年）
广州南越国宫署遗址出土
南越王博物院藏
尺寸：平面长 23.8、宽 22.8、高 21.4 厘米

　　岭南地区建筑明器上的干栏结构是直接建构在地面上的，其平面最初为长方形单屋，人居与厕所共存，随后在屋后一侧发展出作为独立厕所的小屋，成为曲尺形宅院。这件陶屋模型前面房子平面呈曲尺形，后面用矮墙围成后院，整座建筑平面呈方形，房屋的正面和侧面中间各开一门，屋内因残破严重，情况不详。门上两侧开"凸"字形窗，正门两侧各开一竖孔，两扇墙的上端各有一对三角形窗孔，后墙靠一侧开一长方形小窗，后院墙每面均镂空一组拱木，内有一猪正对槽进食。屋立面上刻有花纹，屋顶作两面坡的悬山顶，屋脊两端和交合点均翘高起，屋面作铺瓦状。

青釉带盖四耳陶瓿

东汉（公元 25 年～ 220 年）
广州南越国宫署遗址出土
南越王博物院藏
尺寸：口径 9.2、腹径 19.6、底径 11.6、通高 17 厘米

双耳陶壶

东汉（公元 25 年~ 220 年）

广州南越国宫署遗址出土

南越王博物院藏

尺寸：口径 9.3、腹径 19、底径 11.3、高 21.6 厘米

陶碗

东汉（公元 25 年～ 220 年）

广州南越国宫署遗址出土

南越王博物院藏

尺寸：口径 11.6、腹径 11、底径 5.6、高 5.4 厘米

陶碗

东汉（公元 25 年～ 220 年）

广州南越国宫署遗址出土

南越王博物院藏

尺寸：口径 15.6、腹径 17.2、底径 9.2、高 8 厘米

陶瓶

东汉（公元 25 年 ~ 220 年）

广州南越国宫署遗址出土

南越王博物院藏

尺寸：口径 8.8、底径 16、腹径 19、高 21 厘米

方格纹陶罐

东汉（公元 25 年 ~ 220 年）
广州南越国宫署遗址出土
南越王博物院藏
尺寸：口径 11.6、腹径 17.6、底径 9.2、高 20 厘米

青釉六耳陶罐

东汉（公元 25 年 ~ 220 年）
广州南越国宫署遗址出土
南越王博物院藏
尺寸：口径 8.8、腹径 15.2、底径 15.6、高 18.4 厘米

六耳陶罐

东汉（公元 25 年～ 220 年）

广州南越国宫署遗址出土

南越王博物院藏

尺寸：口径 9.6、腹径 23.2、底径 13.6、高 20.4 厘米

青釉陶罐

东汉（公元 25 年～ 220 年）

广州南越国宫署遗址出土

南越王博物院藏

尺寸：口径 13.6、腹径 19.6、底径 13.2、
高 14.8 厘米

三角网格纹骨簪

东汉（公元 25 年～ 220 年）
广州南越国宫署遗址出土
南越王博物院藏
尺寸：长 11.2、尾端直径 0.8 厘米

梯航万里

秦汉以来，岭南沿海一带发展成为对外航海贸易的桥头堡。西汉元鼎六年（公元前 111 年），汉武帝平定南越后，将其地分置为九郡，并在边境出入地区设关、障塞等进行管理，使得早期的海洋贸易由番禺港发展至番禺、徐闻、合浦等众多港口，促进了东南亚、南亚海路航线的形成和发展。

自日南障塞、徐闻、合浦船行可五月，有都元国；又船行可四月，有邑卢没国；又船行可二十余日，有谌离国；步行可十余日，有夫甘都卢国。自夫甘都卢国船行可二月余，有黄支国，民俗略与珠崖相类。其州广大，户口多，多异物。自武帝以来皆献见。有译长，属黄门，与应募者俱入海，市明珠、璧流离、奇石异物、赍黄金杂缯而往。所至，国皆禀食为耦，蛮夷贾船，转送致之，亦利交易，剽杀人，又苦逢风波溺死，不者数年来还。大珠至围二寸以下，平帝元始中，王莽辅政，欲耀威德，厚遗黄支王，令遣使献生犀牛。自黄支船行可八月，到皮宗；船行可二月，到日南、象林界云。黄支之南，有已程不国，汉之译使自此还矣。

——《汉书·地理志》

胡人俑头部残件

东汉（公元 25 年～ 220 年）
广州南越国宫署遗址出土
南越王博物院藏
尺寸：残高 7 厘米

随着海外交往的深入，人口流动性大大增加。胡人形象的器物反映的是来自海外的外族人形象。广州汉墓出土的头顶或手托灯盘的陶俑，裸体、赤脚、缠头巾，有的还戴耳环，具有南海诸岛族群的特征，反映了海外交往过程中的人口流动。这件陶俑为胡人形象，残存头部，用手捏制，眉眼须发刻划而成。高鼻，大耳，络腮胡，头后挽髻，头顶上置一物。

骑士俑

东汉（公元 25 年 ~ 220 年）

广州南越国宫署遗址出土

南越王博物院藏

尺寸：长 9.6、宽 4.6、通高 11.4 厘米

　　人马合铸，保存完好。马首高昂，双目直视前方，双耳上竖，张嘴作嘶鸣状，短尾上翘，四肢站立，体态饱满健壮，马腹中空。马背上骑一勇士，头部为前后双面状，穿袍着靴，侧身向后拉弓射箭，姿态优美，形象生动。

南越
THE PALACE OF
THE NANYUE KINGDOM

王宫

广州原点

ORIGIN OF GUANGZHOU

伍

南越国宫署遗址既是南越国、南汉国宫城所在，也是秦统一岭南以来历代郡、县、州、府官署所在地。经考古发掘，发现层层叠压、自下而上的秦、西汉、东汉、西晋、东晋、南朝、隋、唐、宋、元、明、清以及民国等十三个历史时期的文化遗存，如南越国宫殿、南汉国宫殿、唐代大都督府和岭南节度使府、宋代广州知州衙署、元代广东道宣慰使司都元帅府、明清广东承宣布政使司署等各类遗迹。

因此，南越国宫署遗址是广州两千两百多年来延续不变的城市中心，体现了自秦汉以来至今两千余年的广州城市发展历程，对研究古代广州城市产生、发展、形态、布局和文化特质等具有重要意义。

秦汉番禺城

公元前 214 年，秦统一岭南，筑番禺城，此为广州建城之始。秦汉番禺城大致在今旧仓巷以西、龙藏街—流水井—华宁里以东、惠福东路—禺山路以北、越华路以南，总面积约 0.4 平方千米。番禺城南临珠江。秦亡，秦将赵佗据岭南建南越国，以番禺为都，城内北部为宫苑区。

三国两晋广州城

东吴黄武五年（公元 226 年），孙权分交州置广州，以番禺为州治，"广州"正式得名。魏晋南朝时期，广州城仍沿用汉代番禺城，城区范围没有扩大，只是对城墙进行了多次拓宽和加固。

隋唐广州城

隋唐广州城仍以秦汉番禺城为中心，在此基础上略向南拓展，城区范围变化不大，为"州城三重"格局。由于海外贸易的繁荣发展，来广州经商的外国人增多，在城西珠江北岸形成商业区。唐代中期，朝廷在此设"蕃坊"，供外国人居住和经商。蕃坊规模几乎与广州城同大，鼎盛时期，在此居住的外国人超过 10 万人，唐代的广州已经成为国际大都会。

明清广州城 ▲

　　明洪武十三年（公元 1380 年），永嘉侯朱亮祖将宋元广州三城合为一城，并向北拓至越秀山上；嘉靖四十二年（公元 1563 年），在城南建新城。新、老广州城区总面积达 6 平方千米。清代，在南城东南、西南两端筑两段城墙，形如两翼，俗称"鸡翼城"。

元广州城 ▲

　　元至元十六年（公元 1279 年），设广州录事司专管城乡居民，是广州城作为建制城市之始。

南汉兴王府与宋代广州三城 ▲

　　唐末五代，刘岩据有岭南称帝，建立南汉国，升都城广州为兴王府，并大兴土木，南拓城池、广建宫苑。北宋熙宁年间，在唐五代广州城的东、西方增筑城池，形成东、中、西三城格局。城区面积扩大近 10 倍，达到约 4 平方千米。宋代注重水利设施建设，自白云山的溪流到城北后，分成六条河渠流经城区，向南汇入珠江，形成"六脉皆入海"的城市格局。

结　语

　　南越国宫署遗址的考古发现，揭开了广州城建史的新篇章。南越王宫是罕见的西汉诸侯国宫殿建筑之一，宫苑是目前发现年代最早的秦汉宫苑实例，其造园理念和技术反映了秦汉园林的时尚，是中国早期园林的杰作。

　　广州作为中国古代海上丝绸之路的重要节点城市，是中国古代海港中唯一一座两千多年长盛不衰的大港，是罕见的见证海上丝绸之路发展始终的重要城市。南越国宫署遗址地处广州历史城区中心，这里也曾是不同时期广州地区政治文化中心和海上贸易管理机构的所在，见证了广州港依托海上丝绸之路走向繁荣的历史。